La BENDICIÓN FAMILIAR

Un acto sencillo que cambiará por completo el futuro de su familia

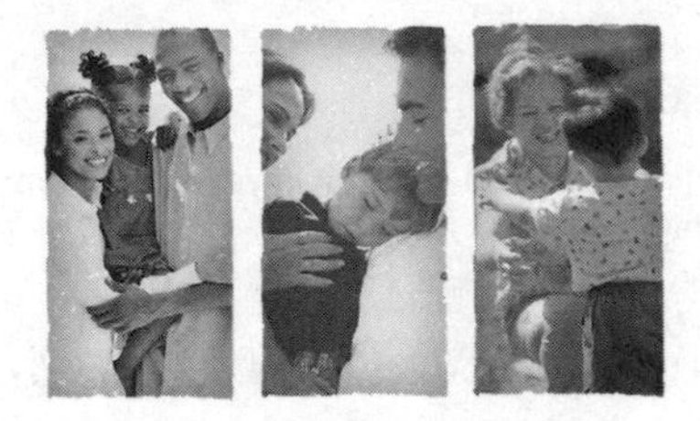

ROLF GARBORG

Publicado por
Editorial Unilit

Primera edición 2002

Originally published in English by Harrison House, Inc. PO Box 35035, Tulsa, Oklahoma 74153, U.S.A., under the title "The Family Blessing", authored by Rolf Garborg, ISBN 1-57794-435-6.

Originalmente publicado en inglés con el título:
The Family Blessing por
Harrison House Inc.,
PO Box 35035,
Tulsa, Oklahoma, U.S.A.

Traducido al español por: Andrés Carrodeguas

Producto 495278
ISBN 0-7899-1041-1
Impreso en Colombia
Printed in Colombia

A Mary, mi maravillosa esposa
de treinta y tres años
de matrimonio, mi más leal
amiga, animadora, consejera y
compañera, y la madre de los dos
dones de Dios que más aprecio:
Carlton y Lisa.

Contenido

Prefacio

Si es bueno, lo hizo Dios. Y si es malo, lo hice yo y es peor de lo que parece.

A.W. TOZER

Esta afirmación de Tozer suena increíblemente cierta. Tal parece como si cada vez que yo comenzaba a mirar con admiración algo que había hecho bien, y me atribuía el mérito, Dios permitía que pasara algo que corregía mi manera de pensar.

Algunas veces, la corrección venía por medio de un enfrentamiento directo con algún amigo lo suficientemente sincero para decirme la verdad acerca de mí mismo; otras veces, era una observación sarcástica y sutil de algún conocido la que realizaba esa labor. Y otras veces solo era esa sensación de vacío que sentía cuando me atribuía unos méritos que no merecía. *La bendición familiar* es un claro ejemplo del principio de Tozer. Yo sé que la práctica de bendecir a la familia es buena; es un don de Dios. Además, sé que al pronunciar esa bendición, somos los instrumentos que usa Dios; los vasos a través de los cuales Él fluye. Y porque los dones de Dios son para compartirlos, estoy ofreciéndole este libro.

De ninguna manera quiero afirmar que todo ha ido sobre ruedas. Como familia, hemos tenido nuestros fracasos, retrocesos, problemas y desilusiones. Solo la gracia de Dios ha hecho que todo funcione, y estoy agradecido de que aún siga obrando entre nosotros.

A lo largo de los años, he compartido con otras familias la práctica de bendecir a nuestros hijos. Las respuestas han sido casi siempre las mismas:

1. "Me gustaría haber sabido esto cuando mis hijos eran pequeños".
2. "Quisiera que mis padres hubieran hecho esto conmigo". (Este comentario solía proceder de adolescentes.)
3. "¿Cómo comienzo?"
4. "¿Qué bendiciones usa usted, y dónde se encuentran?"
5. "Usted debería escribir un libro sobre esto".

Por eso, aquí está el libro, para ayudarle a aprender lo que necesita acerca de la bendición, y la forma de convertirla en parte de su vida. Le sugiere las bendiciones que puede usar y le ofrece la comprensión de lo que bendecir a su familia puede significar para usted, cualquiera que haya sido su niñez, o cualquiera que sea la edad de sus hijos. Nunca es demasiado tarde para bendecir y ser bendecido.

¡Que Dios lo bendiga por medio de esta lectura!

El Señor te bendiga y te guarde;
el Señor haga resplandecer su rostro sobre ti,
y tenga de ti misericordia;
el Señor alce sobre ti su rostro,
y te dé paz.

NÚMEROS 6:24-26

CAPÍTULO 1

Comienza la bendición

El Señor te bendiga, y te guarde

Todavía recuerdo la escena: era una cálida noche de enero en San Juan, Puerto Rico, año 1972. Los ruidos nocturnos de la calle entraban libremente por la ventana de persianas del cuarto, mientras mi hijo Carlton, entonces un niño, dormía profundamente.

No recuerdo cuánto tiempo estuve de pie junto a su cama aquella noche, pensando en el tesoro que aquel niño era. Antes de nacer Carlton, había observado muchas veces a los padres con sus niños pequeños. Ahora que tenía un niño de casi tres años, sentía un ardiente deseo de ser un buen padre para él.

Carlton no se movió cuando yo me senté en el borde de la cama. Mientras me inclinaba sobre el pequeño, pensé: *Señor Jesús, tú nos demostraste lo mucho que amas a estos pequeños*

TOMA ESTA BENDICIÓN MÍA Y ÚSALA PARA TU GLORIA.

cuando los tomaste en tus brazos para bendecirlos. Ahora yo quiero hacer lo mismo con mi niño. Toma esta bendición mía y úsala para tu gloria. Entonces, le puse delicadamente la mano sobre la cabeza, y le susurré al oído una bendición que había escuchado muchas veces en la iglesia, añadiéndole su nombre:

El Señor te bendiga y te guarde;

el Señor haga resplandecer su rostro sobre ti, y tenga de ti misericordia;

el Señor alce sobre ti su rostro, y te dé paz.

En el nombre del Padre, del Hijo y del Espíritu Santo. Amén.

Aquello parecía algo tan natural; tan correcto. Sentía como si hubiera obedecido a Dios al hacerlo.

Antes de ponerme de pie para salir de la habitación de Carlton, lo besé en la mejilla, le dije que lo amaba y me limpié del rostro las lágrimas que me quedaban. Entonces, permanecí allí en la oscuridad e hice en silencio una oración de gratitud a Dios por darnos el regalo de aquel hijo, y por bendecirlo. No me daba cuenta en esos momentos que aquella escena se repetiría miles de veces en los años siguientes.

Aquella fue la primera noche que le di a mi hijo una bendición. La idea era nueva para mí, y no comprendía por

completo de qué se trataba. Pero después de hablar con otro padre cristiano que bendecía a sus hijos todas las noches, me había convencido de que esta sencilla práctica podía transformar la vida de nuestros hijos.

Aquel año, un libro muy popular que acababa de salir captó mi atención: *La familia cristiana,* por Larry Christenson.[1] En ella el autor, que en aquellos momentos era el pastor de una iglesia luterana en San Pedro, California, nos presentaba clara y bíblicamente el orden de Dios para la familia, y la forma en que podemos practicar la presencia de Jesús en el hogar. Inmediatamente me sentí cautivado por la sencillez del mensaje que había en este libro, y se lo comencé a recomendar a otros.

Cuando se presentó la oportunidad de invitar a Larry a Puerto Rico, me sentí gozoso de poderla aprovechar. Él aceptó venir a pasar una semana en nuestra misión, enseñando y compartiendo con nosotros. Una noche le pregunté a Larry acerca de una sección de su libro que hablaba de la práctica que tenía su familia de hablarles una bendición a sus hijos individualmente cuando los acostaban todas las noches. Me dijo que él y su esposa Nordis vivían en Alemania occidental con sus cuatro hijos, entonces pequeños, cuando oyeron hablar de esta idea. Era una costumbre que practicaba un matrimonio que ellos habían conocido, Hans-Jochen Arp y su esposa Elisabeth.

Hans-Jochen les dijo que él hablaba una bendición sobre cada uno de sus seis hijos, a medida que se iban a acostar. Aunque estuvieran ya dormidos cuando él llegaba a su casa, se iba a sus habitaciones y los bendecía.

A Larry y Nordis les impresionó tanto la idea, que se fueron a su casa aquella misma noche para bendecir a sus propios hijos. Primero les explicaron lo que estaban haciendo, y por qué. Con cuatro niños, les tomó un tiempo darle a cada cual una bendición individual. Pero lo hicieron y lo siguieron haciendo fielmente hasta que todos ellos terminaron de crecer. Ahora Larry estaba compartiendo la idea con otras personas.

La idea tenía sentido. Al fin y al cabo, nosotros sabíamos que muchos pastores bendicen a su congregación al final de cada uno de los cultos de domingo. Con frecuencia, extienden las manos hacia el pueblo en un gesto simbólico de cobertura, y después recitan una bendición tomada de las palabras de las Escrituras, como la que habló el sumo sacerdote Aarón sobre los israelitas en la antigüedad:

> *El Señor te bendiga y te guarde;*
>
> *el Señor haga resplandecer su rostro sobre ti, y tenga de ti misericordia;*
>
> *el Señor alce sobre ti su rostro, y te dé paz.*
>
> NÚMEROS 6:24-26[2]

Después añaden palabras como: "En el nombre del Padre, y del Hijo, y del Espíritu Santo. Amén".

Así como el pastor de una congregación tiene una oportunidad para bendecir, nos dábamos cuenta de que los padres, como sacerdotes de su casa, tienen un privilegio similar. Pueden hablar en su hogar el tipo de bendiciones que los pastores les hablan a sus iglesias.

Mientras hablábamos con Larry hasta altas horas de la noche, yo me convencí de que esta práctica familiar era también para nosotros. De lo que no me daba cuenta en esos momentos era de los numerosos beneficios que nos vendrían por hacer este compromiso de bendecir a mis hijos.

Así que tomé una decisión. Siempre que fuera posible, y en la manera en que lo fuera, bendeciría a mis hijos todos los días. Y comenzaría aquella misma noche.

Después que le di a Carlton una bendición aquella noche, Mary y yo acordamos comprometernos a seguir esta práctica todas las noches mientras lo acostábamos. Estaba ansioso por que llegara la noche siguiente, para poderlo hacer de nuevo, esta vez con Carlton despierto.

Durante nuestra conversación, ya había comenzado a pensar cómo serían las cosas si tuviéramos dos hijos que bendecir cada noche. Mientras seguíamos hablando, me di cuenta de algo: No habíamos terminado la bendición aquella noche. Ya yo *tenía* dos hijos. A Mary solo le faltaban tres meses para dar a luz a nuestro segundo hijo. ¿Por qué no comenzar ya a bendecirlos a ambos? Así que extendí la mano, la puse sobre el vientre de Mary y dije: "Señor, no tengo ni idea de quién es la persona que tú tienes aquí dentro para nosotros, pero te consagro a ti este hijo que nos estás regalando". Después, hablándole a aquella criatura aún no nacida, con la mano puesta todavía sobre el vientre de Mary, pronuncié la bendición, tal como lo había hecho con Carlton.

El 23 de abril de 1972, Lisa Faith Garborg entró a este mundo "con el sol por delante", y eso que todavía no sonreía. Sin duda, una de las razones de su gozo era que sus padres –tanto los terrenales como el celestial– la habían bendecido todos los días aun desde antes de nacer.

Carlton y Lisa son ya adultos, y tienen hijos. Lo asombroso es que ambos se nos aparecen casi todos los días para recibir su bendición. El deseo que tienen mis hijos de seguir recibiendo nuestra bendición diaria es solo una indicación del impacto que ha hecho en sus vidas y en las vidas de sus hijos, a quienes ellos les pasan esa bendición. Yo sé que la bendición familiar es mucho más que un rito para la hora de acostarse.

Veamos la importancia de la bendición desde un punto de vista bíblico, a fin de descubrir por qué se puede convertir en una parte tan significativa de la armazón de su vida diaria.

Bendito serás tú en la ciudad, y bendito tú en el campo.

Bendito el fruto de tu vientre, el fruto de tu tierra, el fruto de tus bestias, la cría de tus vacas y los rebaños de tus ovejas.

Benditas serán tu canasta y tu artesa de amasar.

Bendito serás en tu entrar, y bendito en tu salir.

DEUTERONOMIO 28:3-6

C A P Í T U L O 2

La bendición bíblica

Cuando Dios lanzó a Abraham por la senda en la que cumpliría su destino, lo envió desde la casa de sus padres hasta un territorio desconocido. Sin duda, su emoción acerca del futuro iba mezclada con una considerable inquietud sobre lo que tenía por delante; la misma inquietud que sentimos la mayoría de nosotros cuando nos lanzamos solos a la vida por vez primera, dejando para siempre el hogar de nuestros padres.

¿Cómo preparó Dios a Abraham para los días que tenía por delante, y para animarlo en el camino? Le proporcionó una *bendición:*

> *Haré de ti una nación grande, y te bendeciré, y engrandeceré tu nombre, y serás bendición.*
>
> *Bendeciré a los que te bendigan, y al que te maldiga, maldeciré.*
>
> *Y en ti serán benditas todas las familias de la tierra.*
>
> GÉNESIS 12:2-3

Con estas palabras, el Señor le dio a Abraham una bendición de grandeza, le prometió más bendiciones en el futuro, y le dijo que lo haría bendición para los demás; en realidad, lo haría un canal de bendición para el mundo entero. Sin duda, en los años siguientes, cada vez que Abraham se enfrentaba a un reto, estas palabras de Dios lo fortalecían y lo sostenían.

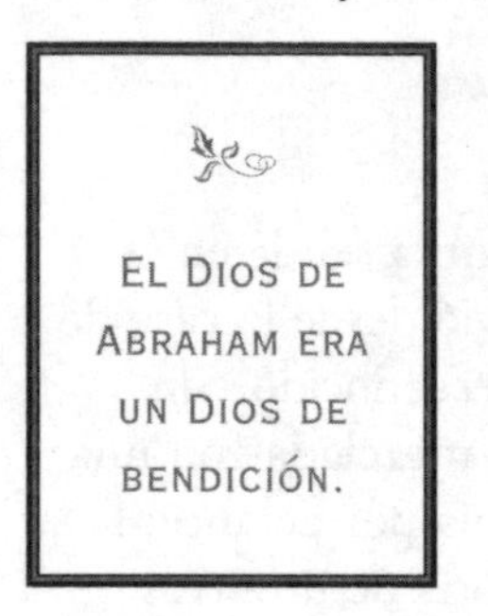

A lo largo de toda la Biblia encontramos amplias evidencias de que el Dios de Abraham era un Dios de bendición. De hecho, las palabras *bendecir* y *bendición* aparecen en las Escrituras de alguna forma alrededor de setecientas veces. Al parecer Abraham, y con él un número incontable de personajes de la Biblia, necesitaban y recibían de buen grado la gracia, el poder y el aliento que se podían derramar en sus vidas por medio de la bendición de Dios.

Ahora bien, ¿qué es una bendición? La palabra tiene diversos significados en los idiomas modernos, así que veamos dos palabras antiguas de la Biblia para definir lo que quiere decir este término.

La palabra hebrea usada en el Antiguo Testamento para hablar de bendición es *beraká.* Para los hebreos de la antigüedad, un *beraká* era la transmisión o entrega del poder de la bondad y el favor de Dios, por lo general a través de la palabra hablada, y acompañada con frecuencia por el acto de la imposición de manos.[1] Para Abraham, el *beraká* era la declaración hablada de Dios sobre ese favor suyo que llevaría consigo el poder divino para convertirlo en una gran nación y capacitarlo para transmitir el favor y el poder divinos al mundo entero.

Los hebreos creían que la palabra hablada tenía gran poder para el bien o para el mal. La mayoría de los pueblos antiguos estaban convencidos, al igual que los hebreos, de que las palabras, una vez pronunciadas, toman vida propia. O sea, que cuando se daba una palabra de bendición, el que la había dado no se podía echar atrás.

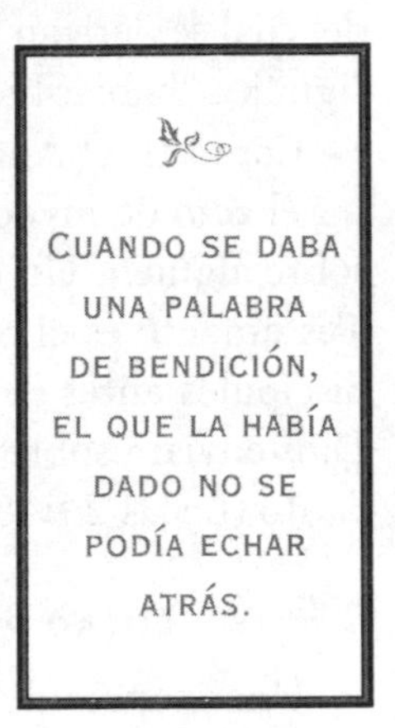

Esto fue lo que sucedió con la bendición de Isaac, quien se la dio equivocadamente a Jacob, su hijo menor, en lugar de dársela a Esaú, que era su primogénito (Génesis 27:1-40). En esta historia bíblica, leemos que Jacob le hizo trampa a su padre, que estaba ciego, para que pensara que él era Esaú, así que Isaac puso sus manos sobre Jacob y pronunció sobre él la bendición del primogénito, que por derecho le pertenecía a Esaú. Una vez dichas las palabras, Isaac no pudo hacer nada para retirarle la bendición, aunque había sido adquirida por medio del engaño. Lo más que pudo hacer aquel padre en su tristeza fue pronunciar otra bendición sobre Esaú.

Las bendiciones habladas, como las de Isaac, se las solían dar los padres a los hijos. También se las daban las personas con autoridad a los que se hallaban bajo su autoridad, o los sacerdotes a la congregación. En esas bendiciones siempre se incluía el nombre de Dios.

En el Nuevo Testamento, la palabra que se traduce con más frecuencia como "bendecir" es el verbo griego *eyloguéo,* del cual se derivan las palabras *elogio* y *elogiar.* Literalmente significa "hablar bien" o "alabar".[2]

Como en el Antiguo Testamento, esta bendición solía ser el acto de invocar el misericordioso poder de Dios sobre alguien. Un claro ejemplo de este acto en el Nuevo Testamento es el momento en que Jesús bendice a sus discípulos antes de ascender al cielo, prometiéndoles que Dios enviará sobre ellos el bondadoso poder del Espíritu Santo (Lucas 24:48-51).

Cuatro tipos de bendición

Una manera de comprender mejor las bendiciones para los propósitos que tenemos en estos momentos, es hacer una distinción según el que da la bendición y el que la recibe. Usando este criterio, hallamos en las Escrituras cuatro tipos de bendiciones.

1. **Una bendición *hablada por Dios a los seres humanos***

Es una bendición dada por Dios, prometiendo su favor, como la bendición que pronunció sobre Abraham.

2. **Una bendición *hablada por los seres humanos a Dios***

Cuando "hablamos bien" (en español, "bendecimos", nota del traductor), o "expresamos alabanzas" a Dios, entonces lo estamos bendiciendo, como lo hizo David: "*Bendice*, alma mía, a Jehová, y no olvides ninguno de sus beneficios" (Salmo 103:2). El apóstol Pablo se hace eco de este sentimiento cuando les escribe a los efesios: "*Bendito* sea el Dios y Padre de nuestro Señor Jesucristo, que nos *bendijo* con toda bendición espiritual" (Efesios 1:3).

3. Una bendición hablada por Dios o por las personas sobre las cosas

Deuteronomio 28 está lleno de este tipo de bendiciones. Dios les promete a los israelitas que derramará su favor sobre sus recursos materiales, si ellos le obedecen: "*Bendito*... el fruto de tu tierra, el fruto de tus bestias... *Benditas* serán tu canasta y tu artesa de amasar" (Deuteronomio 28:4, 5).

La gente también bendecía las cosas como una manera de dedicarlas a Dios y pedirle su favor. El ejemplo más común es pedir la bendición por los alimentos, una antigua costumbre judía que continúa en la comunidad cristiana. Jesús mostró el poder de hacer esto cuando él mismo bendijo los panes y los peces pidiendole a Dios su milagroso poder para mutiplicarlos (Mateo14:19-21.)

4. Una bendición hablada por una persona a otra

Esto se hacía en el nombre de Dios, quien es la fuente de toda bendición. La bendición pronunciada por Isaac sobre Jacob es ejemplo de este tipo de bendición; la de Aarón sobre los israelitas es otro.

En esta última categoría, observe que la palabra *bendición* puede tomar un significado general, o concreto. Nos podemos referir al significado general con la traducción literal de *eyloguéo:* "hablar bien de; expresar alabanza".

Es probable que este fuera el sentido que tenía en mente Jesús cuando les dijo a sus discípulos: "*Bendecid* a los que os maldicen, y orad por los que os calumnian" (Lucas 6:28). O sea, que Pablo estaba obedeciendo al mandato del Señor cuando les contestó a sus perseguidores con palabras amables: "Nos maldicen, y bendecimos... Nos difaman, y rogamos" (1 Corintios 4:12, 13).

El significado más concreto de la palabra *bendición* es el acto intencional de pronunciar el favor y el poder de Dios sobre la vida de alguien, acompañándolos generalmente con un gesto, como la imposición de las manos sobre la persona. Este es el tipo de bendición que pronunció Isaac sobre su hijo Jacob, y Jacob a su vez sobre sus propios hijos (Génesis 48:8–49:28). Este es el tipo de bendición que Jesús pronunció sobre sus discípulos (Lucas 24:50) y sobre los niños (Marcos 10:16).

En *La bendición familiar* veremos tanto el significado general como el significado concreto de la bendición dentro del contexto de la vida de familia. Cuando reconozcamos el poder de la palabra hablada para bien o para mal en nuestras conversaciones diarias, podremos aprender a usar ese poder intencionalmente para traer bendición sobre nuestros hijos.

Cuán bendecido es todo aquel que teme al Señor,
que anda por sus caminos.
Cuando comas del fruto de tus manos,
serás feliz y te irá bien.
Tu esposa será como vid fecunda dentro de tu casa,
tus hijos como olivos alrededor de tu mesa.
He aquí que así será bendecido el hombre que
teme al Señor.
El Señor te bendiga, y que veas prosperidad
todos los días de tu vida.
Ciertamente, verás a los hijos de tus hijos.
La paz sea sobre el pueblo de Dios.

ADAPTADO DEL SALMO 128

CAPÍTULO 3

Bendición de la familia

EL SEÑOR HAGA RESPLANDECER SU ROSTRO SOBRE TI

El éxito de la obra musical y de la película *El violinista en el tejado* les llegó al corazón a miles de padres, con su encantadora historia de amor y conflictos dentro de la vida familiar. Muchos padres y madres se pueden identificar con las esperanzas y los temores, las convicciones y los interrogantes de los judíos Papá Tevye y Mamá Golde, mientras luchan por criar a sus hijas de manera piadosa y por ayudarlas a prepararse para tener una vida adulta feliz y productiva.

Una de las escenas más conmovedoras del drama presenta a la familia junto a la mesa para la cena del shabbat. Cuando todos se han reunido, repiten las costumbres antiguas asociadas a esa cena. La madre enciende las velas del shabbat, ora, y después se une a su esposo para cantarles a las hijas la "Oración del shabbat", un sencillo canto de bendición que expresa sus anhelos:

Que el Señor las proteja y las defienda,
Que siempre las guarde de la vergüenza;
Que lleguen a estar en Yisroel {Israel}, nombre resplandeciente.
Que sean como Rut y como Ester,
Que sean merecedoras de alabanza;
Fortalécelas, oh Señor, y guárdalas de los caminos del extraño.
Que Dios las bendiga y les conceda larga vida,
Que el Señor haga realidad nuestra oración del shabbat por ustedes.
Que Dios las haga buenas madres y esposas.
Que les envíe esposos que cuiden de ustedes.
Que el Señor las proteja y las defienda,
Que el Señor las guarde del dolor;
Favorécelas, Señor, con felicidad y paz,
Oh, escucha nuestra oración del shabbat. Amén.[1]

¿Qué padre cristiano no oye en esas palabras el eco de los sentimientos más profundos de su corazón? Y sin embargo, ¿cuántos de nosotros tenemos un escenario acostumbrado conde expresarles a nuestros hijos esas palabras tan poderosas?

Las familias cristianas pueden adoptar la antigua tradición de la comunidad judía, en la cual los padres les dan a sus hijos una bendición con solo personalizar esta costumbre bíblica según las necesidades de su familia.

Usted puede decir o cantar la bendición; la puede expresar a diario, semanalmente o en ocasiones especiales. Puede escoger un texto bíblico para usar o crear su propia bendición, basada en las Escrituras. Cualquiera que sea la forma en que decida bendecir a sus hijos, la bendición familiar –representada de manera tan hermosa en esta escena del drama– se puede convertir en una escena de la vida diaria en su hogar. Y va a confirmar a sus hijos en la piedad, al hablarles a sus vidas la gracia de su Padre celestial.

El bien más alto de nuestros hijos

Hace dos mil años, cuando Jesús vino a la tierra, vino para realizar una tarea abrumadora: entregarse a sí mismo para nuestro bien más alto; para que pudiéramos conocer y amar a Dios con todo el corazón. Solo tiene que leer la oración que le hizo a su Padre en Juan 17:3-4: "Y esta es la vida eterna: que te conozcan a ti, el único Dios verdadero, y a Jesucristo, a quien has enviado. Yo te he glorificado en la tierra; he acabado la obra que me diste que hiciese".

También en Lucas 10:25-28, cuando un maestro de la ley le preguntó sobre la manera de obtener vida eterna, Jesús le respondió con una pregunta: "¿Qué está escrito en la ley?" El maestro le respondió: "Amarás al Señor tu Dios con todo tu corazón, y con toda tu alma, y con todas tus fuerzas, y con toda tu mente; y a tu prójimo como a ti mismo". Entonces Jesús le dijo: "Bien has respondido; haz esto, y vivirás".

Nuestra preocupación más importante como padres debe ser la misma que tiene Jesús con respecto a nosotros: *Debemos convertir en nuestra meta más alta el ayudar a nuestros hijos a conocer y amar a Dios con todo el corazón.*

¿Cómo hacemos esto? Una de las formas más sencillas y poderosas de ayudar a nuestros hijos a conocer y amar a Dios es darles un encuentro diario y concreto con su poder y favor, imponiéndoles manos y proclamando una bendición.

El concepto de que un padre proclame una bendición sobre uno de sus hijos podrá parecer extraño, pero es bíblico. Es una costumbre antigua y respetada, que data de los tiempos de la Biblia. De hecho, al parecer, el uso de la bendición en una escena familiar es anterior a su uso en una escena pública; el sacerdote o funcionario que hablara bendiciones sobre el pueblo de Israel solo estaría complementando la más básica de las bendiciones: la que el padre les daba a sus hijos.

Aun aquellos que nunca han dado ni recibido este tipo de bendición, es probable que la hayan podido captar en diversos contextos, como las bendiciones en los cultos de la iglesia, o la escena que acabamos de describir en *El violinista en el tejado.* Varios relatos del Antiguo Testamento se centran en esta costumbre. Algunos de ellos ya los hemos mencionado: la bendición de Jacob por Isaac (Génesis 27); la bendición de Jacob sobre sus hijos y nietos (Génesis 48:8–49:33); la bendición del sacerdote Melquisedec sobre Abraham (Génesis 14:18-20); la bendición del sacerdote Aarón sobre los israelitas (Números 6:23-27), y la bendición del profeta Balaam sobre los israelitas (Números 23:7–24:9).

CÓMO USAMOS LA BENDICIÓN EN NUESTRO HOGAR

En nuestra familia, la forma en que bendecíamos a nuestros hijos era muy sencilla.

Todas las noches, a la hora de acostarse, yo les imponía mis manos en la cabeza a todos y cada uno de mis hijos, y hablaba la bendición que aparece en Números 6:24-26, añadiendo al final las palabras "En el nombre del Padre, y del Hijo, y del Espíritu Santo", y personalizándola para cada niño, incluyendo su nombre.

Así de sencillo. Les dábamos esa misma bendición a nuestros hijos todas las noches. Y ellos llegaron a confiar en ella como una prenda de su seguridad, y una señal del amor continuo de sus padres por ellos.

Por supuesto, aunque nuestra bendición era sencilla, nuestros horarios tan ocupados parecían conspirar para complicar las cosas. Un poco de flexibilidad nos ayudó a mantener la bendición en nuestro hogar a lo largo de los años.

En los tiempos bíblicos, se consideraba que había ciertas personas dotadas de una autoridad especial para bendecir o para maldecir: sacerdotes, profetas y padres, por ejemplo. Pero cualquiera puede dar una bendición. Esto es especialmente importante que lo sepa usted al establecer hoy la bendición en su hogar.

La responsabilidad primaria de bendecir recaía siempre en nuestro hogar sobre mí, como esposo y padre. Pero a causa de los viajes relacionados con nuestro trabajo, no siempre estaba presente para dar la bendición.

El hecho de saber que cualquier persona puede dar esta bendición alivió en parte mi preocupación acerca de mi calendario de viajes. Cuando yo no estaba, Mary asumía la responsabilidad de bendecir a los niños, y muchas veces los bendecía junto conmigo cuando yo estaba en nuestro hogar.

Cuando yo andaba lejos en cuestiones de negocios, llamaba a casa con tanta frecuencia como podía. Después de ponerme al tanto de los sucesos del día con ambos niños, los bendecía individualmente por teléfono.

Con frecuencia, si a ellos les parecía que se me iba a olvidar, o si se tenían que marchar, me decían: "Papá, ¿me puedes dar ahora mi bendición?" No se la perdían por ninguna razón, y su lealtad a la práctica ayudó a asegurar que la bendición familiar se convirtiera en un rasgo permanente de nuestro hogar.

Jesús bendecía a los niños

Cuando Jesús caminó sobre la tierra, estaba sujeto a las mismas leyes de la naturaleza física que nosotros. Sentía hambre, sed y necesidad de descanso.

También estaba sujeto a muchas de las mismas leyes de la naturaleza humana que nosotros. Tal vez por eso tenía que estar solo de vez en cuando. Como humano, también tiene que haber estado cansado de tener a los discípulos a su alrededor día y noche durante tres años. No solo los oía discutir y reñir sobre quién se iba a sentar dónde en el cielo (Marcos 10:35-41), sino que también conocía sus pensamientos (Lucas 9:46-48). El hecho de saber lo que tenían en el corazón le debe haber causado angustia.

No obstante, había un grupo de personas que estoy seguro que Jesús recibía de buen grado en cualquier momento: los niños. Con frecuencia, animaba a los adultos a aprender de los niños, diciéndoles que necesitamos ser como ellos para entrar en el reino de Dios (Mateo 18:1-6). Y en una ocasión muy especial, permitió que nosotros conociéramos lo profundo que era su interés por los pequeños:

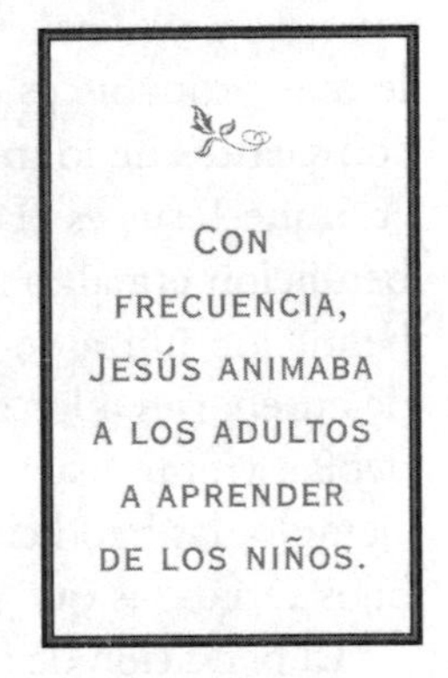

> *Y le presentaban niños para que los tocase; y los discípulos reprendían a los que los presentaban. Viéndolo Jesús, se indignó, y les dijo: Dejad a los niños venir a mí, y no se lo impidáis; porque de los tales es el reino de Dios. De cierto os digo, que el que no reciba el reino de Dios como un niño, no entrará en él. Y tomándolos en los brazos, poniendo las manos sobre ellos, los bendecía.*
>
> MARCOS 10:13-16

Tomar a esos niños en sus brazos, ponerles las manos encima y bendecirlos no era una conducta extraña, ni para Jesús ni para quienes lo rodeaban. Solo estaba haciendo lo que un buen padre o rabí judío habría hecho. Su acción era una lección para sus oyentes de entonces, y para nosotros hoy, acerca de la importancia que tienen los niños, y la necesidad de comunicarles activamente a Dios como Padre.

En ocasiones he pensado: *¡Si yo hubiera sido uno de esos niños que Jesús tomó en sus brazos para bendecirlos!* Sin embargo, lo más probable es que aquellos pequeños no estuvieran conscientes de lo importante que era aquella experiencia. Aunque Jesús es el Hijo de Dios, y ciertamente su bendición era algo muy valioso, el mayor valor de esta bendición única de los hijos muy bien habría podido ser el de enseñarles a los adultos que estaban observando cómo debían tratar a sus hijos. Para aquellos que siguieron su ejemplo, las bendiciones más importantes que recibirían sus hijos serían las que recibirían después en su familia.

La bendición de nuestros hijos es tan vital en el mundo de hoy, como lo era en los tiempos de Jesús. Con las tentaciones que hay en nuestra sociedad, y que los tratan de arrastrar en todos los sentidos, los niños necesitan un muro protector alrededor de ellos. Y mientras más pronto comencemos a fortalecer ese muro, más seguros estarán cuando vengan las tentaciones.

LA BENDICIÓN LOS NIÑOS ES TAN VITAL EN EL MUNDO DE HOY, COMO LO ERA EN LOS TIEMPOS DE JESÚS.

El muro que ellos necesitan, se lo proporciona nuestro amor. Lo podemos ir reforzando, ladrillo a ladrillo, cada vez que los bendecimos.

El Señor te responda cuando estés en peligro; que el nombre del Dios de Jacob te proteja.

Que Él te envíe ayuda y te conceda apoyo.

Que Él te conceda los anhelos de tu corazón y haga que todos tus planes tengan éxito.

Que el Señor te conceda todas tus peticiones.

ADAPTADO DEL SALMO 20:1, 2, 4, 5

CAPÍTULO 4

Para que funcione

Ya hemos visto que la bendición es una práctica bíblica muy antigua que incontables padres han mantenido a través de todas las épocas como valiosa, e incluso indispensable. Sin embargo, en este punto puedo adelantarme a una pregunta: Pero, *¿funciona?*

Si "funcionar" significa que exista algún tipo de conexión mecánica entre la bendición y ciertas formas de conducta concretas e inmediatas en los niños, eso sería difícil de demostrar. Toda conexión de esa naturaleza sería poco más que manipulación.

Sin embargo, podemos hallar una útil medida del posible impacto que tiene la práctica de la bendición en las actitudes de los niños hacia las bendiciones en los hogares donde se practican. En nuestro hogar, una situación ocasional nos ha proporcionado una anécdota que ilustra lo mucho que valoraban Carlton y Lisa la bendición.

La seguridad de la bendición

Durante un tiempo particular de mi vida, en el cual mi trabajo me exigía hacer viajes internacionales que duraban entre dos y cinco semanas, llamaba a casa para bendecir a mis hijos alrededor de una vez por semana. En vísperas de uno de esos viajes, estaba arropando en la cama a Lisa, que entonces tenía once años, cuando ella me preguntó: "Papá, ¿cuánto tiempo vas a estar fuera en este viaje?"

"Oh", le dije, "unas cuatro o cinco semanas".

"No", insistió. "Cuántas noches vas a estar fuera, exactamente cuántas?" Yo fui a mi calendario para sacar la cuenta del número exacto de noches, y volví a su cuarto.

"Treinta y dos noches", le dije. "¿Por qué?"

"Bueno", dijo Lisa pensativa: "entonces me tienes que dar treinta y dos bendiciones. Y ahora".

Yo me reí, pensando en su petición, pero pensé: *¿Y por qué no?* Así que acepté hacerlo. Sabiendo que aquello me tomaría un buen rato, me acosté junto a ella y le puse la mano en la cabeza. Entonces comencé: "Jehová te bendiga, y te guarde, Lisa..." Y seguí recitando toda la bendición de Números 6:24-26 que había hablado sobre ella durante años.

Cuando terminé, Lisa me dijo: "Ya va una, papá. Te quedan treinta y una".

Algún tiempo después, cuando terminé la última (y Lisa las siguió contando todo el tiempo), ella chilló contenta: "Ya está bien, papá. Ahora ya te puedes ir de viaje". Había hecho mi trabajo. Lisa se sentía segura. Sabía que todo iba a ir bien, aunque su papá estuviera muy lejos de casa. Por supuesto, el hecho de que yo dijera la bendición sobre ella treinta y dos veces no era más poderosa que hablársela una vez en fe.

Sin embargo, mi bendición para cada noche representaba para ella la seguridad de mi dedicación a su bienestar.

Al pensar en la forma en que las actitudes positivas de los hijos hacia la bendición familiar indican lo mucho que significa en sus vidas, tal vez usted se esté preguntando si las palabras en sí que se digan significarán realmente algo para los niños, sobre todo los más pequeños. Tal vez llegue a la conclusión de que a todo lo que ellos están reaccionando en realidad, es al hecho de que están recibiendo un instante de atención paterna no compartida.

Estoy de acuerdo en que un factor crítico en la capacidad de la bendición para hacerles ver el amor de Dios a los niños es la atención de sus padres, de la cual ellos tienen tanta necesidad. Sin embargo, hay muchos niños que también escuchan detenidamente lo que se dice.

Un amigo mío ha estado bendiciendo a sus hijos todas las noches durante varios años. Comenzó una noche con un simple "Dios te bendiga con gracia y paz en el nombre de Jesús. Amén". Pero a lo largo de los meses siguientes, a medida que iba pensando en todos los tipos de bendiciones que quería que ellos recibieran, la lista fue creciendo. Ahora, cada noche les impone manos a sus niños y les imparte esta bendición:

> *Dios te bendiga con gracia y paz,*
> *poder y protección, salud y sanidad,*
> *santidad y piedad, abundancia y prosperidad,*
> *y todo el fruto y los dones del Espíritu Santo,*
> *en el nombre de Jesús. Amén.*

Es una lista formidable de bendiciones para recordarla toda, aunque se trate de un adulto, y él las puede ir trayendo a su mente solo porque las repite todas las noches.

Sin embargo, una noche mi amigo estaba agotado porque había tenido un día especialmente difícil, y al bendecir a sus hijos, olvidó por accidente una parte de las bendiciones. De inmediato, su hija pequeña lo interrumpió.

"Papá", insistió, "no se te olviden el poder y la protección. Son importantes".

Hasta una niña de seis años estaba atendiendo, y sabía que todas las palabras eran importantes.

En nuestro mundo de alta tecnología, nos estamos condicionando cada vez más para esperar que todo se produzca de manera instantánea. Pero yo me siento un poco escéptico con las técnicas que prometen cambios instantáneos en nuestros hijos. Sin duda, los resultado de que bendigamos a nuestros hijos, o a cualquier otra persona, *algunas veces* son visibles de inmediato. Sin embargo, por lo general, esos resultados aparecen mucho más tarde. Y algunas veces, solo Dios es testigo de ellos.

El bambú chino

Zig Ziglar cuenta la historia del bambú chino. Cuando se siembra la semilla, en lugar de brotar, queda dormida. No hay forma de despertarla de su sueño, por mucho que se la alimente y atienda.

El bambú chino queda dormido durante cinco años, sin dar señal aparente alguna de crecimiento. Entonces, en un solo año, crece repentinamente hasta llegar al tamaño de un árbol maduro, que son más de veinte metros.

Aunque el árbol no revele señales visibles de crecimiento durante varios años, sigue necesitando del cuidado que se le daría a cualquier otra semilla. Sin ese cuidado durante su incubación, nunca se llegaría a convertir en árbol. Puesto que los campesinos saben esto, siguen cuidando la semilla, a pesar de la falta de resultados visibles. Los niños pueden ser como el bambú chino. Es posible que los padres hagamos cuanto sabemos que es correcto hacer, pero entonces, tal vez nos desesperemos si no notamos un crecimiento inmediato, o un cambio de corazón. Algunas veces, hasta nos sentimos tan ansiosos acerca de su progreso, que los "desenterramos" con nuestra frustración, y deshacemos el bien que les hemos hecho.

Esta situación puede ser frustrante cuando ese hijo se ha consagrado anteriormente al Señor. Con frecuencia, es posible que al llegar los años de la adolescencia, esos niños que eran tan obedientes y dulces comiencen a tener dudas y a rebelarse, tanto contra sus padres, como contra la fe de ellos. Hasta tal vez den la impresión de ir a toda velocidad en un sentido equivocado, haciendo cosas que ellos saben que son incorrectas.

¿Cómo debe reaccionar un padre si le sucede esto? ¿Los debemos forzar a aceptar nuestra fe, "o atenerse a las consecuencias"? ¿O los seguimos "cultivando", cuidando de las cosas que sabemos que algún día producirán un árbol maduro?

Aunque en un momento así sea fácil echarlo todo a rodar, debemos tener presente que lo que realmente queremos que tengan nuestros hijos, es *su propia fe* en Dios, y no la fe *de sus padres*. Algunas veces, la transferencia de fe se produce de manera rápida y sin contratiempos; otras, es lenta y dolorosa. Pero si mantenemos el curso, orando y haciendo lo que sabemos que es correcto, tarde o temprano el árbol va a crecer, y cuando lo haga, será fuerte y con buenas raíces.

Su fidelidad en seguir bendiciendo a sus hijos durante esos meses o años difíciles les va a mostrar a ellos un elemento de su fe que tal vez nunca habrían podido ver de otra manera. El que usted manifieste de manera constante e inquebrantable su seguridad sobre lo que ellos van a llegar a ser, los ayudará a madurar de acuerdo con esas expectativas positivas.

Los beneficios de la bendición

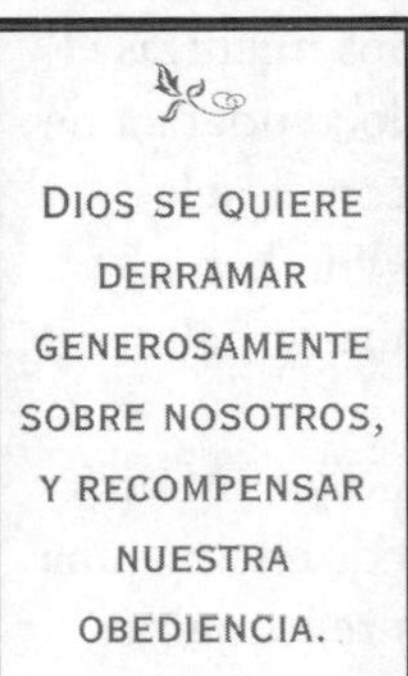

Le quiero asegurar que Dios se quiere derramar generosamente sobre nosotros, y recompensar nuestra obediencia de manera abierta y abundante, y a veces, también rápida. Su recompensa nos llega de muchas formas, como lo indican sus promesas:

Va a satisfacer todas nuestras necesidades (Filipenses 4:19).

Nos va a dar los deseos de nuestro corazón (Salmo 37:4).

Nos va a enviar ángeles que nos guarden (Salmo 91:11).

No va a retener ninguna cosa buena (Salmo 84:11).

Uno de los beneficios que tiene el que bendigamos a nuestros hijos, es que se crea un elemento de apertura y sinceridad, tanto hacia nosotros como hacia Dios. Esto ha sido ilustrado a lo largo de los años por la franqueza que han mostrado al confesar cosas que han hecho, y que saben que no están bien.

Recuerdo una noche en particular, cuando Carlton tenía unos once años, que nos llamó a su cuarto. Nosotros ya lo habíamos metido en cama, habíamos orado con él y le habíamos dado su bendición "manual". Pero, a solas en la oscuridad, él había estado pensando acerca de algo que había hecho aquel día. Sabía que eso que había hecho estaba mal, y que Dios no le "daría paz", como decía la bendición, hasta que confesara y arreglara las cosas.

No hizo falta mucho tiempo para que confesara lo hecho y comenzara a llorar. Nosotros lo escuchamos mientras él oraba y le pedía a Dios que lo perdonara y lo ayudara a no volver a hacer aquello otra vez. Hablamos con él, y le aseguramos que Dios había oído su oración y lo había perdonado. Nosotros también lo perdonamos verbalmente. Entonces, oramos de nuevo con él.

Mientras nos dirigíamos a la puerta, nos dijo: "Mamá y papá, siento como si se me hubiera quitado de encima una gran bolsa llena de basura". Mary y yo nos regocijamos con él, porque había sido liberado de su sensación de culpa, y sabíamos que Dios estaba obrando en él. Una y otra vez nos hemos sentido maravillados por la forma en que nuestros dos hijos han permanecido abiertos con nosotros acerca de lo que está sucediendo en sus vidas.

Anteriormente observamos que nuestra mayor responsabilidad ante Dios como padres cristianos, es criar a nuestros hijos para que lo conozcan y lo amen con todo el corazón. Al mismo tiempo, nuestra mayor responsabilidad hacia nuestros hijos es exhibir ante ellos el corazón de Dios. Lo que ven en nosotros tiene gran peso sobre la forma en que van a entender a Dios.

NUESTRA MAYOR RESPONSABILIDAD HACIA NUESTROS HIJOS ES EXHIBIR ANTE ELLOS EL CORAZÓN DE DIOS.

Cuando tenemos algo que valoramos grandemente, lo cuidamos de una forma especial, asegurándonos de que no se dañe ni se destruya. Le damos un lugar de honor, y nunca pensaríamos siquiera en desahogar nuestra frustración o nuestra ira con un tesoro así. Al contrario; lo protegemos de todas las maneras posibles.

Esto también es cierto con respecto a nuestros hijos. Después de años de reforzar su sentido de seguridad, aceptación y autoestima por medio de la bendición, lo menos que querríamos hacer es destruir aquello que hemos cultivado con tanto trabajo. De esta forma, la bendición de nuestros hijos se convierte en una forma de recordar a diario que hemos construido una relación con ellos, y una actitud dentro de ellos, que debe ser protegida, aun en aquellos momentos en que tenemos razones para estar enojados.

Cuando mi hijo era pequeño, compré un auto nuevo que era con mucho el mejor auto que había tenido, y ciertamente el más caro. Me encantaba aquel auto, y lo cuidaba de manera especial, lavándolo con frecuencia y dándole mantenimiento con toda fidelidad.

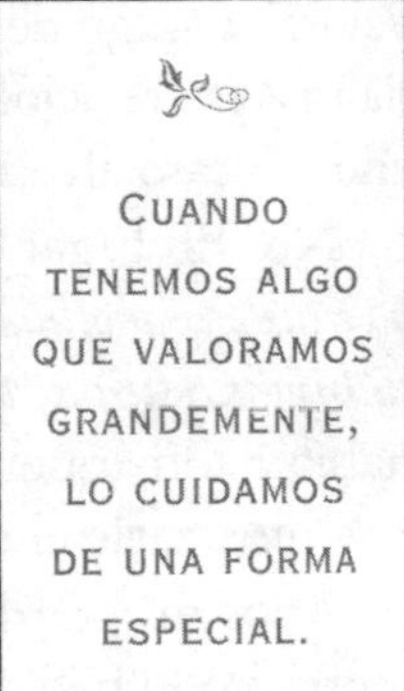

Sin embargo, una mañana de primavera noté que había una huella de un pie en la capota. Al verla más de cerca, noté también que la capota tenía una abolladura donde estaba la huella del pie.

No cabía duda alguna de que se trataba de una huella de un pie de Carlton. El corazón me dio un vuelco y sentí que me encendía de ira. Ahora me siento agradecido de que él ya se hubiera ido para la escuela. De pie junto al frente del auto, me preguntaba por qué se habría subido él a la capota. Entonces vi mis palos de golf en un anaquel que estaba encima del frente del auto, recordé la agradable temperatura de la primavera y comprendí lo sucedido.

Mientras iba en el auto al trabajo, noté que la abolladura del capote se hallaba directamente en mi línea de visión, de manera que cada vez que me sentara tras el timón de aquel auto, la vería. Puesto que se hallaba en un lugar tan prominente, mi primera idea fue llevarla a arreglar. Al fin y al cabo, ¿no es para eso para lo que está el seguro?

No obstante, en mi corazón oí que el Señor me decía: *Déjala. No es nada tan malo y, además, el auto no es tuyo de todas formas. Es mío. Todo lo que tú tienes es mío. Y también lo es tu familia.*

Pensé en la estrecha relación que había creado con mi hijo, y en lo mucho que la valoraba. Entonces pensé también en lo cerca que había estado de permitir que otra cosa que yo valoraba –algo de un valor infinitamente inferior– le hiciera daño a esa relación. Yo había bendecido a mi hijo durante años; ¿acaso ahora lo iba a "maldecir" con palabras hirientes?

No. En lugar de esto, sentí que Dios me decía: *¿Por qué no usas esa abolladura como una manera positiva de recordar que tu hijo necesita de tus oraciones?* Al fin y al cabo, el Señor me había dado aquel niño para que lo pudiera cuidar, orar por él y mostrarle el corazón de su Padre celestial.

Años más tarde, el auto ya viejo expiró. A la hora de morir, yo lo había rodado más de 204.000 kilómetros, y había hecho casi tantas oraciones de gratitud por la bondad de Dios al darme a mi hijo.

Por supuesto que le pregunté a Carlton sobre la abolladura. Él no tenía ni idea de lo que había hecho. Sencillamente, había actuado por impulso en su deseo de manejar los palos de golf. Así que se disculpó, me pidió que lo perdonara, y estuvo de acuerdo en usar la escalera la próxima vez. No hace falta decir que nuestra relación fue más fuerte que nunca antes.

¿Funciona la bendición de sus hijos? ¿Vale la pena todo ese tiempo y esa fidelidad? La respuesta es clara: ¡Por supuesto que sí!

> ¿VALE LA PENA TODO ESE TIEMPO Y ESA FIDELIDAD?

Nuestra experiencia, y la de muchas otras familias, demuestra que la bendición funciona. Claro, la forma en que funciona es más difícil de explicar. Podemos observar la sensación de seguridad y de interés que se produce obviamente al hablarle palabras de aliento a un niño día tras día, y reconocer que este aliento tiende a causar un impacto para el bien en la vida del niño. Pero bendecir a ese niño o niña parece llevar consigo mucho más.

Como reconocían ya los hebreos en la antigüedad, las palabras de bendición dichas en el nombre de Dios pueden transmitir el poder y el favor divinos.

Es probable que quienes las han pronunciado fielmente año tras año estén de acuerdo todos en un punto:

Bendecimos a los demás, *porque es lo correcto.* Nos basamos en los ejemplos de las Escrituras para decir que Dios recompensa a quienes bendicen, además de hacerlo con los que son bendecidos.

Hasta este punto, el libro ha ido ilustrando la forma tan significativa que la costumbre de bendecir a los niños puede causar un cambio en ellos. Pero tal vez sean ellos mismos quienes puedan proporcionar los testimonios más convincentes sobre lo que la bendición puede significar para ellos. Copio a continuación unas cartas que me escribieron recientemente mis hijos Carlton y Lisa. Sus palabras reflejan lo importante que es recibir la bendición ahora que ambos son adultos, y tienen sus propios hijos.

Querido papá:

En estos últimos días he estado pensando mucho sobre la bendición, y lo que significa para mí ahora, que tengo 32 años y soy padre. Después de reflexionar, la estoy viendo de una forma nueva.

En primer lugar, pienso en ella en su pura sencillez, cuando bendigo a Christina, mi hija de diez años, y en el impacto que hace en ella. Puedo recordar cómo recibía de ti una bendición todos los días cuando era pequeño. Puedo recordar cuando era un niño asustado y necesitado de consuelo y seguridad, pero la bendición me traía paz al corazón. Esto es algo que he querido hacer por mi hija. Sabía lo mucho que significaba para mí que mis padres me amaran tanto como para pedirle todos los días a Dios que me bendijera, y sentía realmente que Él lo hacía.

He estado bendiciendo a Christina todos los días desde que nació. En nuestra casa, esto se ha convertido en un rito, como lo era para mí cuando era niño. Ella lo pide, como lo hacía yo, y me lo recuerda si me olvido, como yo lo hacía contigo. Nuestra propia pequeña dinámica de bendición ha evolucionado desde que ella comenzó a ir a la escuela. Pasamos a dos por día; un horario muy exigente. Comencé a bendecirla todas las mañanas en el auto, de camino a la escuela, después que oramos por el día. Esto siempre parece comenzar bien su día.

Algunas veces, yo me sentía un poco celoso. Tal vez no tenga que enfrentarme con un examen difícil de ortografía, o con algún compañero abusador, pero ¿sabes? A mí también me vendría bien una bendición. Así que, poco después de esto, ella comenzó a bendecirme a mí también, cada mañana, y cada noche antes de acostarnos. Hay muchos días en los que pienso que significa más para mí oír esas palabras de ella, que cuanto significa para ella oírlas de mí.

Hace poco le pregunté qué pensaba acerca de recibir las bendiciones todos los días. Nunca se lo había preguntado. Le pedí que escribiera en un momento lo que le viniera a la mente. Ella lo pensó durante un minuto, y esto es lo que escribió: "Me hace sentir muy bien. Me ayuda a dormir y a sentirme segura. Me hace feliz, y tengo pensamientos felices en lugar de pesadillas; duermo como un tronco. Cuando recibo la bendición por la mañana, me da valor y me hace sentir fuerte al comenzar el día. Ilumina mi día. Me siento bien cuando bendigo a papá, porque me parece que lo ayuda a pasar el día y ayuda a llevarse el dolor". Estaba totalmente en lo cierto.

El otro aspecto de la bendición del que me he dado cuenta en los últimos años es el impacto que tienen nuestras palabras en nuestros hijos y en otras personas. Siento que el hecho de oír esas palabras tiernas y amorosas todos los días crea una fuerte imagen de sí y una alta autoestima. Son muchas las personas que reciben los golpes de unas palabras procedentes de personas airadas y dañinas, y muchas veces esas personas son sus propios padres. ¡Cuánto mejor es llenarles el corazón y los oídos a nuestros hijos con palabras de amor! La bendición me proporciona un momento especial con mi pequeña dos veces al día, para podérselas expresar.

Papá, recuerdo aquel día en Chicago, cuando te oí hablar acerca de la bendición en una iglesia de allí. Es la única vez que te he oído hablar con un grupo de personas acerca de esto tan personal que has hecho con tu familia. Aquel día me sentí verdaderamente conmovido, cuando vi cuántos son los que quieren tener palabras amables, palabras de bendición procedentes de Dios, que les digan las personas que ellos más aman. También me entristeció ver cuántos no habían oído nunca esas palabras antes de aquel día. Pienso que sería algo transformador que en las familias comenzaran a hacer esto unos por otros cada día, lo mismo si tienen diez años, que si tienen ciento diez.

Gracias, papá, por haberme dado palabras de amor, y acciones que las respaldaban.

– Carlton

Querido papá:

La bendición fue un regalo muy especial que tú nos hiciste; era gratuita, y sin embargo, muy valiosa. Yo nunca me cansaba de recibir la bendición, o el fuerte abrazo que la acompañaba. Me sentía muy alentada, segura, aceptada y amada.

Solo se tomaba un minuto, pero qué sesenta segundos más poderosos. Era un tiempo en que se profundizaban nuestras relaciones, y nos reconciliábamos, dándoles un final pacífico a todos los días. Aquello traía constantemente una sensación de seguridad. Tú nunca retuviste tu bendición como castigo. Tu deseo de darnos tu bendición no dependía de nuestra conducta, porque la bendición no era una recompensa que había que ganarse. Era un regalo. El hecho de saber que íbamos a recibir una bendición antes de irnos a la cama, nos daba una oportunidad con la que podíamos contar, para hablar sobre lo que teníamos en el corazón, y resolver cuantos conflictos hubieran surgido durante el día, o solo para decir "Te amo".

La bendición no es una simple cosa física, un deber, o una serie de palabras sin sentido; lo que hace es impartir el favor de Dios. Con mucha frecuencia, mientras tú hablabas la bendición, yo sentía la presencia del Señor. Él llenaba de vida y autoridad tus palabras mientras tú las decías. Estoy convencida de que se debe a la bendición el que me fuera tan fácil llegar a conocer personalmente a Jesús. Me ayudó a conocer su amor por mí como persona. También me enseñó a recibir los dones de Dios, en lugar de luchar por ganármelos, puesto que mi papel en la bendición era recibir solamente. Por último, creo que me ayudó a formarme una imagen de Dios. Siempre me imaginaba a Jesús con una sonrisa en el rostro, y los brazos extendidos, invitándome a acercarme a Él. Sé que esto procede del calor, el amor y el gozo por mí que tú expresabas al bendecirme. Esto me hizo fácil ver del mismo modo a mi Padre celestial.

Papá, tú hiciste lo que te correspondía al ser fiel y seguir pronunciando la bendición, pero Dios también hizo lo que le tocaba a Él, al convertir en realidad todos los aspectos de la bendición en mi vida. Ciertamente me ha bendecido y me ha mantenido fiel a Él, me ha mostrado su rostro y su gracia, y me ha dado su paz. Gracias, papá, por dejarnos este legado para que lo continuemos.

Ahora tengo el gozo de continuar el legado con mis propias hijas. Ha sido un gran gozo hablar la bendición sobre Sofie y Elle. Ya Sofie, a los dos años, repite toda la bendición perfectamente, y con frecuencia bendice a su vez a mamá y papá. Estoy muy agradecida de que mi esposo también haya abrazado la visión de bendecir a diario a nuestras hijas. Esperamos con gozo ver el fruto de esa bendición en sus vidas, como ciertamente lo he visto en la mía propia.

– Lisa

C A P Í T U L O 5

La forma de comenzar

Y TENGA DE TI MISERICORDIA

Para mí, la parte más difícil de cualquier trabajo es comenzarlo.

Algunas veces, las tareas que voy dejando para después son tan sencillas como cambiar una bombilla eléctrica. Puedo racionalizar, excusar y defender esta forma de comportamiento con comentarios como "Se ve igual sin esa luz", o "¿Te das cuenta de lo que cuesta tener encendida esa cosa?", o la mejor de todas: "¿De qué sirve, si se va a quemar de todas formas?"

Finalmente, cuando hago el trabajo, no solo me encuentro con que necesité dos minutos enteros para reemplazar la bombilla, sino también con que es bueno tenerla encendida. Comenzar a bendecir a nuestros hijos, es un poco parecido a reemplazar una bombilla. En realidad, no es mucho trabajo a la hora de hacerlo; no se toma mucho tiempo, y los resultados son mejores de lo que creíamos. Pero no le puedo dar una fórmula sencilla que diga: “Haga estas cinco cosas, y se acabarán todos sus problemas”. La realidad es que no hay una manera correcta o incorrecta de bendecir a nuestros hijos. Una bendición, de la forma que sea, sigue siendo una bendición; algo bueno, poderoso y valioso. El único error que puede usted cometer es decidir que, por temor a hacer algo mal hecho, no va a hacer nada en absoluto.

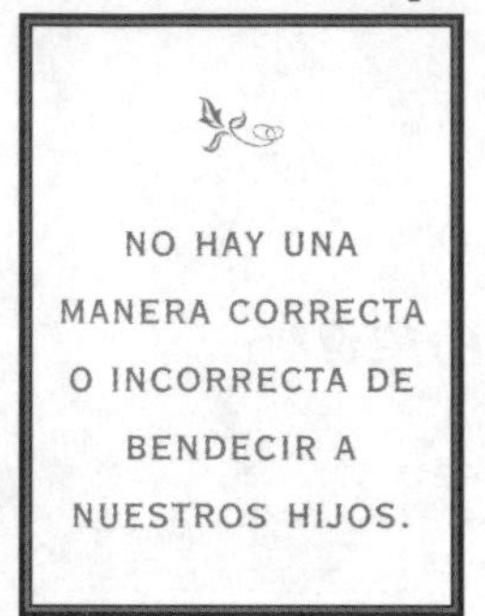

Exploremos algunas de las preguntas más frecuentes en cuanto a comenzar.

1. *¿Qué edades deben tener mis hijos cuando comience a darles la bendición familiar y cuando se la deje de dar?*

La respuesta es sencilla. ¿A qué edad quiere usted que comiencen a recibir el beneficio de la bendición, y por cuánto tiempo quiere que continúe?

No es importante que tengan quince años, o quince meses; ni siquiera si comprenden o no las palabras que usted está pronunciando. Mientras más espere para comenzar, menos oportunidades va a tener de impartirles la gracia de Dios por medio de la bendición familiar.

Aproveche al máximo el tiempo que tiene: comience hoy. La gran mayoría de lo que aprendemos en la vida, lo aprendemos antes de comenzar en la escuela. Por supuesto, no todo está perdido si ya ha pasado ese momento en la vida de sus hijos. Dios les puede impartir sus bendiciones, y lo va a hacer. Pero no se gana nada con retardarlo más.

Por las mismas razones, los hijos nunca son demasiado adultos para recibir una bendición. Ellos necesitan el favor y el poder de Dios a lo largo de toda la vida. Entonces, ¿por qué dejar de darles la bendición familiar?

Los hijos ya mayores que conozco, y que han sido bendecidos desde su tierna edad, no consideran que sea un rito infantil que ya no tiene que ver con ellos. Al contrario; ahora aprecian la bendición más que nunca. Así que, incluso cuando los hijos se trasladan lejos de nosotros, los podemos bendecir diariamente a distancia en nuestro tiempo privado de oración.

2. *¿Es el momento de acostarse el único momento del día para bendecir a los hijos?*

Por supuesto que no. Dios está despierto todo el tiempo, y siempre está listo para bendecir. Puesto que en realidad es Él quien bendice, cualquier momento es bueno.

Sin embargo, la estructura y la constancia son importantes, sobre todo con los niños pequeños. Así que piense bien en su día, y busque el mejor momento para su familia. Tal vez sea la hora de acostarse, o una de las comidas. O puede incluso que sea el momento en que se van para la escuela, de manera que puedan comenzar el nuevo día con una bendición resonándoles en los oídos.

Si no es obvio de inmediato cuál es el mejor momento para su familia, experimente un poco. Dígales a sus hijos lo que quiere hacer, y por qué. Si son mayores, pídales sugerencias.

3. *¿Se debe dar la bendición a diario?*

Una vez más, no hay reglas fijas; no obstante, es evidente que la bendición diaria le dará más oportunidades de bendecir a sus hijos.

4. *¿Cómo sé lo que debo decir?*

Mire las bendiciones con las que termina cada capítulo. Es posible que una de ellas sirva para sus necesidades. O trate de usar una concordancia para hallar todas las veces que aparece la palabra *bendecir* en la Biblia. Entre ellas hallará una serie de bendiciones, y aprenderá mucho también acerca de la forma en que se daban las bendiciones en los tiempos bíblicos. Por supuesto, siempre le queda la opción de crear su propia bendición, basada en las Escrituras. Cuando estamos de acuerdo con la palabra de Dios, sabemos que estamos de acuerdo con su voluntad.

5. *¿Tiene que ser siempre la misma bendición todo el tiempo?*

Claro que no. Usted puede variar la bendición de la forma que le parezca conveniente.

Como dije anteriormente, la estructura y la constancia son importantes, sobre todo con los niños pequeños. Hay un cierto valor en la repetición de las mismas palabras una y otra vez todas las noches en los años de crecimiento de un niño; le da una sensación de estabilidad, de algo predecible, de seguridad. No necesita buscar la novedad por ella misma. Pero si piensa que una forma nueva de bendición beneficiaría a sus hijos, ¿por qué no probar una diferente? Tal vez hasta quiera aprender toda una serie de bendiciones basadas en las Escrituras, e irlas rotando constantemente. De hecho, la bendición no necesita tener forma fija. Como la oración, puede ser espontánea.

6. *¿Quién debe dar la bendición en la familia?*

No hay una respuesta única. Como cristianos, estamos llamados a bendecir y a ser de bendición. En nuestra familia, como esposo y padre, yo asumí la responsabilidad primaria en cuanto a bendecir a nuestros hijos, pero Mary se me unía con frecuencia. También los bendecía en mi ausencia. Algunas familias prefieren que ambos padres den la bendición juntos. En los hogares de un solo padre, debe ser el cabeza espiritual del hogar, ya sea un padre o una madre. Hasta nuestros hijos se han dado la bendición uno a otro.

7. *¿Reemplaza a la oración la bendición de los hijos?*

De ninguna manera. Hay tres formas vitales de conversación con Dios que compartimos con nuestros hijos. Estas conversaciones son como cuerdas tejidas entre sí para formar una sola soga, que unidas, son infinitamente más fuertes que solas. De esta soga, según yo creo, cuelgan todas las demás disciplinas que queremos desarrollar en la vida cristiana de nuestros hijos. Y aunque las tres sean similares, sirven a propósitos muy distintos.

Primera cuerda:

La oración *por* nuestros hijos: interceder por ellos como sacerdote del hogar, levantarlos a ellos y a sus necesidades hasta el trono de Dios.

Segunda cuerda:

La oración *con* nuestros hijos: presentárselos a Dios, llevarlos a nuestra propia conversación con Dios, ser modelo para ellos de un sano esquema de comunicación constante con el Padre.

Tercera cuerda:

Bendecir a nuestros hijos: complementar y fortalecer las otras dos, reflejando la bondad, el poder y el corazón paternal del Dios al que le hablamos cuando oramos por nuestros hijos, y con ellos.

A continuación, unas pocas normas para cuando usted comience la práctica de bendecir a sus hijos:

1. *Antes de comenzar, explíqueles a aquellos hijos suyos que tengan edad suficiente para comprender, lo que usted tiene pensado hacer, y por qué lo considera importante.*

Los niños van a colaborar mucho más y apreciar lo que se hace, si comprenden por qué usted los quiere bendecir, y por qué es importante. Responda sus preguntas lo mejor que pueda.

Un amigo mío muy apreciado me estaba visitando una noche. Cuando comenzamos a hablar de los hijos, le hablé de nuestra práctica, y de los beneficios que producía la bendición de nuestros hijos. Le gustó la idea, y decidió comenzar a bendecir a sus tres hijos, que tenían diez, ocho y cuatro años en aquel tiempo.

Cerca de un año más tarde lo volví a ver, y estaba ansioso por darme la noticia. "¿Sabes una cosa? He estado bendiciendo a mis hijos desde la última vez que nos reunimos. Es fantástico. Me fui a casa, los fui tomando en los brazos uno por uno, le ponía la mano en la cabeza a cada niño, y le daba la bendición de Números 6".

Tenía una amplia sonrisa en el rostro mientras me lo contaba. "¿Sabes?", me hizo notar, "cada uno de los niños reacciona de una manera distinta cuando lo bendigo. Uno se mete de lleno en la bendición. Se acurruca contra mí cuando lo tomo en brazos, y casi ronronea durante todo el proceso. El segundo se limita a recibirlo sin aspavientos, como parte normal de lo que hace papá. Pero el más pequeño se pone firme. Pone los brazos a los lados, y se mantiene rígido como un soldado. Para él, es Dios el que lo está tocando, y quiere ser tan bueno como pueda".

Cada uno de aquellos niños tenía una comprensión diferente de lo que era la bendición. Pero lo importante es que, desde el principio, cada uno de ellos tenía *alguna* comprensión de lo que estaba sucediendo, y eso le daba sentido para él (o ella).

2. *Tenga el niño en sus brazos cuando lo bendiga.*

Gary Smalley y John Trent tienen un capítulo excelente en su libro *The Blessing*. Se llama "El primer elemento de la bendición: un toque significativo". En él hablan del valor que tiene que los padres toquen a sus hijos, citando ejemplos y enseñando desde una perspectiva espiritual, psicológica y física.

En mi familia extensa, los abrazos han estado tan presentes como decir "hola" o "adiós". Prácticamente nunca hacemos una cosa sin hacer la otra. No importa de qué miembro de la familia se trate. Cada vez que nos saludamos o nos despedimos, nos abrazamos.

De hecho, yo abrazo a casi todo el mundo. Cuando abrazo a personas que no son parientes, oigo con frecuencia que hacen este comentario: "¡Oh, me hacía falta!"

AL LEER LA BIBLIA, LLEGAMOS A LA CONCLUSIÓN DE QUE LOS PATRIARCAS CONOCÍAN EL VALOR DEL CONTACTO FÍSICO.

Uno de los amigos de mi hijo, uno de esos muchachos trabajadores, realistas y ahorradores, vino a casa hace algún tiempo, y yo le di un abrazo. Cuando lo solté me dijo: "Me encanta venir a la casa de los Garborg. Aquí lo abrazan a uno". Ahora, él también me abraza los domingos después del culto.

Al leer la Biblia, llegamos a la conclusión de que los patriarcas conocían el valor del contacto físico.

Jesús también lo conocía. Tomaba a los niños pequeños en sus brazos, y los sostenía mientras los bendecía. También lo debemos hacer nosotros. Es una forma de decirles que los aceptamos tal como son, y abre la puerta para que reciban la bendición cuando se la demos.

Al mismo tiempo, es importante observar que hay quienes se sienten incómodos cuando abrazan a otra persona. Tal vez su familia no haya sido especialmente afectuosa en el sentido físico, o haya ciertas experiencias en su vida que hayan causado que se resistan a tener un contacto tan cercano como el que estoy describiendo aquí. Eso no es problema. Una mano en el hombro o en el brazo puede ser un sustituto lleno de significado. Sin embargo, yo lo quisiera exhortar a explorar las formas en las que puede experimentar esa cercanía que solo se puede obtener por medio de una expresión más física del afecto.

3. *Póngale la mano o las manos en la cabeza a su hijo cuando lo bendiga.*

También nuestro modelo en cuanto a este gesto nos viene de Jesús. Y no en balde: es un gesto con un gran significado espiritual y un gran simbolismo.

La Biblia enseña que la "imposición de manos" era usada para consagrar a las personas al servicio de Dios, impartirles el Espíritu Santo, y orar por los enfermos para que se sanaran. En la iglesia de hoy, también se usa en los gestos simbólicos del bautismo, la confirmación y la ordenación.

Larry Lenning, en su libro *Blessing in Mosque and Mission* ["La bendición en la mezquita y la misión"], observa que en el contexto bíblico

> el acto de imponer manos era un acto sagrado por medio del cual se daban las bendiciones de Dios. Las manos del que bendecía no eran sagradas. Sin embargo, por medio de estos instrumentos humanos, Dios derramaba su bendición, poder, gracia y misericordia.... A la luz del fondo cultural judío del Nuevo Testamento y de la Iglesia apostólica, y con las evidencias que hay en el propio Nuevo Testamento, la imposición de manos era un acto sagrado por medio del cual Dios derramaba diversas bendiciones.[1]

El acto simbólico de "cubrir" a nuestros hijos es importante aquí. Les describimos con este gesto la protección y el cuidado con los cuales Dios los guarda.

4. *Incluya siempre en su bendición una invocación al nombre de Dios.*

El nombre del único Dios verdadero es el que separa esta bendición de todas las otras bendiciones que existen en las religiones del mundo. Muchas culturas no cristianas tienen formas de bendición similares en propósito y expresión a las de la fe cristiana. Lo que aparta a la bendición cristiana como una experiencia divinamente poderosa es la invocación del nombre del Dios verdadero. Cuando contemplamos la absoluta maravilla de Dios y la infinitud de su poder, podemos comenzar a comprender lo que es capaz de suceder con solo mencionar su nombre. Y nos podemos identificar con los sentimientos de David, cuando clamaba a Dios en el Salmo 103:1: "Bendice, alma mía, a Jehová, y bendiga todo mi ser su santo *nombre*".

Por supuesto, es usted quien decide cuál forma del nombre de Dios va a utilizar, de acuerdo con lo que sea más significativo para su familia. Muchos cristianos usan la tradición de la Iglesia de invocar a Dios con el nombre de la Santísima Trinidad: "En el nombre del Padre, y del Hijo, y del Espíritu Santo". Otros prefieren decir simplemente "en el nombre de Jesús". En ambos casos, el poderoso nombre del Señor aparta nuestra bendición como vaso de *su* gracia.

5. *Enséñeles a sus hijos a hablarse bendiciones a ellos mismos en los días en que a usted se le olvide, o no les pueda dar la bendición por algún motivo. Ayúdelos a comprender que la bendición de Dios sigue estando sobre ellos, y los protege.*

Sobre todo los niños más pequeños esperan ansiosos el consuelo y la seguridad de la bendición, y tal vez se sientan incómodos si no se les da, por la razón que sea. Es importante que evite el animar a sus hijos a pensar que la bendición de Dios, y sobre todo su protección, solo vienen por medio de las palabras que pronuncia uno de sus padres. Si les insistimos a los pequeños en que la bendición familiar solo es una de las muchas formas que usa el Señor para derramar su favor y poder, y que ellos tienen el privilegio de hablar bendiciones también, entonces les podemos permitir que se sientan seguros en el amor de Dios, y en el nuestro.

Presento a continuación un breve repaso de los puntos principales de este capítulo, para ayudarlo a comenzar:

- Comience hoy, cualquiera que sea la edad de sus hijos.
- El momento de acostarse es un buen tiempo para bendecir a sus hijos, pero no tiene por qué ser el único. Explore para ver qué es lo que funciona mejor con su familia, con respecto al momento del día y la frecuencia de las bendiciones.
- Escoja las palabras que va a usar en su bendición, consultando las sugerencias que hay en este libro, o buscándolas en las Escrituras. No es necesario que las palabras sean las mismas siempre, aunque la continuidad tiene sus beneficios.
- La bendición nunca debe reemplazar a la oración. Tanto la bendición, como la oración *por* sus hijos y la oración *con* sus hijos, son todas formas importantes de incluirlos en sus conversaciones con Dios.
- Explíqueles a sus hijos lo que está haciendo, y por qué.
- Tenga a sus hijos en sus brazos cuando los bendiga, y póngales una mano o ambas sobre la cabeza.
- Invoque siempre el nombre de Dios en su bendición.
- Enséñeles a sus hijos que la bendición familiar solo es una de las formas que usa Dios para bendecirnos y protegernos.

Y sobre todo, ¡comience hoy mismo!

El Dios de paz y de amor estará con vosotros.

La gracia del Señor Jesucristo, el amor de Dios, y la comunión del Espíritu Santo sean con todos vosotros.

2 Corintios 13:11, 14

C A P Í T U L O 6

Una cobertura positiva

Hasta este momento nos hemos centrado en la bendición en un sentido específico: el tipo de bendición del que leemos en la Biblia, en el cual una persona invoca intencional y explícitamente la bondad de Dios sobre la vida de otra persona por medio de la palabra hablada. Ahora vamos a explorar la bendición en un sentido más general: cómo opera el poder de las palabras en nuestra vida diaria para fortalecer o para herir a los que nos rodean; no solo en nuestras relaciones familiares, sino en todo tipo de relación.

Sabemos que Dios es un Dios de bendición; la Biblia lo dice con claridad. Pero la Biblia también señala que el pueblo de Dios es un *pueblo de bendición*. En Mateo 5:44, Jesús nos ordena no solo que bendigamos a nuestros seres amados, sino que también lo hagamos con nuestros enemigos. El Señor derrama su poder y su favor sobre

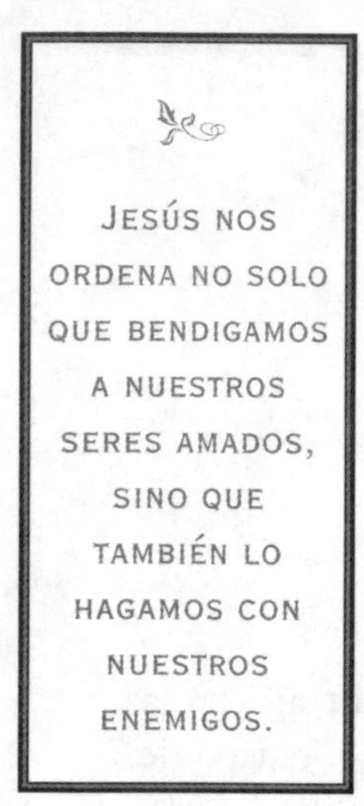

JESÚS NOS ORDENA NO SOLO QUE BENDIGAMOS A NUESTROS SERES AMADOS, SINO QUE TAMBIÉN LO HAGAMOS CON NUESTROS ENEMIGOS.

nosotros y, como Abraham, nos destina a ser de bendición. Ha delegado en nosotros el papel de llevar su gracia a los demás, y uno de los principales medios por los que podemos hacerlo, es con el poder de nuestras palabras diarias.

"La muerte y la vida", dice el libro de Proverbios, "están en poder de la lengua" (18:21). En ningún lugar se ve esta realidad más clara, que en la dinámica de la vida familiar. Las palabras que los padres les dicen a sus hijos día tras día, aun en las conversaciones informales, crean con el tiempo en el hogar una atmósfera que, o bien asfixia y envenena su joven espíritu, o lo nutre y fortalece. Las consecuencias pueden ser devastadoras, o darles vida: "Hay hombres cuyas palabras son como golpes de espada; mas la lengua de los sabios es medicina" (Proverbios 12:18).

Como padres, tenemos que escoger a diario entre hablarles vida o hablarles muerte a nuestros hijos. Hablar "muerte" –destruir su autoestima con calificativos negativos, apodos, reputación negativa en el hogar, o profecías que se cumplen ellas mismas– es lo que la Biblia llama "maldecir"; vamos a hablar concretamente de esta cuestión en el capítulo siete. Pero aunque no sean muchas las veces que herimos verbalmente a nuestros hijos, tal vez aún seamos culpables de agotar la vida de su espíritu con nuestra negligencia o resistencia a "hablar bien" de ellos.

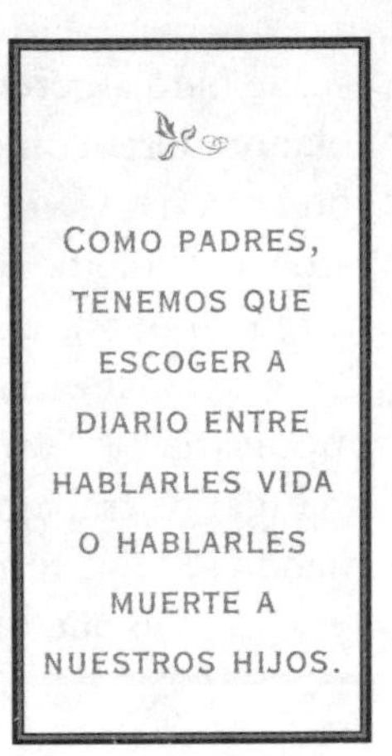

HABLAR ELOGIOS

Piense en la palabra española para decir que se "habla bien" de alguien. Viene del verbo griego *eyloguéo: elogio.* ¿Cuándo se elogia más a alguien? ¡En su funeral! Es triste que esperemos hasta que la persona haya desaparecido, para elogiarla; para "hablar bien de ella".

Proverbios 25:11 dice: "Manzana de oro con figuras de plata es la palabra dicha como conviene". Una expresión de aprecio apropiada es como un adorno colocado en el recipiente que le trae honra a esa persona, tanto si está sola, como si está en la presencia de los demás. Este es el mejor momento para adornar a nuestros hijos con este tipo de bendiciones.

Este tipo general de bendición no se limita a las palabras que hablemos *acerca* de nuestros hijos. También se puede referir a las palabras que usamos cuando les hablamos a ellos. Las palabras que manifiestan respeto pueden elevar su autoestima, el nivel de su actuación y su actitud.

He oído a gerentes de negocios dándoles órdenes a sus colaboradores como si fueran sargentos, en lugar de solicitar con cortesía. Cada vez que a un trabajador se le dice "Haz esto", o "Tráeme aquello", su moral y su productividad sufren. Si pensáramos en lo diferentes que podrían ser las cosas si comenzáramos nuestra solicitud con un genuino "Le importaría", o "Me podría hacer el favor", podríamos crear un lugar de trabajo más lleno de gozo y eficiente. Entonces, cuando se haya terminado el trabajo, un "Gracias" o un "Te agradezco lo que hiciste" podría ser una bendición más.

> SI LAS PALABRAS AMABLES SON ADECUADAS EN EL TRABAJO, MÁS AUN LO SON EN EL HOGAR.

Si las palabras amables son adecuadas en el trabajo, más aun lo son en el hogar. Con frecuencia, las bendiciones familiares toman la forma de una palabra amable como introducción a una petición. Vea lo que Pablo dice básicamente en Efesios 4:29: "Cuando hablen, no digan cosas que hagan daño. Digan lo que la gente necesita: palabras que van a ayudar a los demás a fortalecerse. Entonces, lo que digan va a ayudar a aquellos que los escuchen". Estas palabras amables se pueden decir en privado o en público. Siempre son apreciadas, y muchas veces pueden tener por consecuencia un cambio de conducta en el que las recibe. En 1 Pedro 3:8-9 queda ilustrada la naturaleza misma de la bendición:

> Finalmente, sed todos de un mismo sentir, compasivos, amándoos fraternalmente, misericordiosos, amigables; no devolviendo mal por mal, ni maldición por maldición, sino por el contrario, bendiciendo, sabiendo que fuisteis llamados para que heredaseis bendición.

Por supuesto, la razón por la que bendecimos a nuestros hijos, o a cualquier otra persona, hablando bien de ellos, no es por controlarlos, ni sacarles algo más. Bendecimos a las personas, porque es lo correcto, y eso es todo. El hecho de recibir nosotros una bendición de ellos solo es una bonificación de Dios por obedecerlo.

PALABRAS CONFIRMADAS Y SINCERAS

Para que sea bien recibida una bendición de este tipo (la palabra amable o expresión elogiosa), debe reunir por lo menos dos condiciones. En primer lugar, debe ser *confirmada.* Tal vez tenga que pensar mucho para hallar una cualidad que puede elogiar en alguien; a veces, incluso, en su propio hijo. Siga buscando: la hallará. Una bendición no confirmada es algo vacío por completo. En realidad, no es una bendición.

La segunda condición para que una bendición de esta clase sea genuina, es que sea *sincera.* Enseguida se detecta cuando un elogio es insincero, y deja mal sabor de boca, tanto en el que lo dice como en el que lo recibe. Pero un elogio sincero hace más para levantar la confianza de los

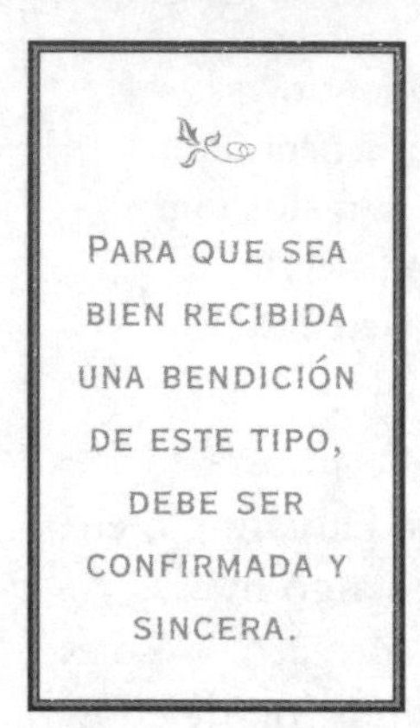

que nos rodean, que casi cualquier otra cosa que intentemos.

En el último año de nuestro hijo en la secundaria, a principios de la primavera, Mary y yo estábamos conversando un día con los padres de algunos de sus compañeros de clase. Su escuela era una pequeña institución cristiana en la que solo se graduaban once alumnos. Varios de aquellos muchachos habían estado juntos en realidad desde que habían comenzado a ir a la escuela, una docena de años antes.

Estábamos reflexionando en la forma en que los padres de aquellos muchachos también habían establecido lazos entre ellos. Todos los habíamos visto crecer. Cuatro de los varones habían hecho deportes juntos desde el séptimo grado. Habíamos presenciado el desarrollo de la personalidad que procede del trabajo en equipo y la competencia, y también habíamos visto su desarrollo como amigos y como cristianos.

Mientras recordábamos las características únicas de aquel grupo de once jovencitos, se desarrolló en nosotros el deseo de hacer algo especial. Decidimos tener una "Noche de aprecio". En esos momentos no nos dábamos cuenta de lo poderosa que sería esa noche, y el impacto que produciría en todos los presentes.

Solo estuvieron presentes los padres y sus hijos de la clase que se graduaba. Hubo que hacer muchos arreglos en los horarios: reuniones de negocios, prácticas de deportes y tareas. Durante la cena, la conversación fue ligera y agradable. Después de la cena comenzó el programa. Abundaron las risas mientras "asábamos" a cada uno de los graduandos. Después, se hizo el silencio en aquel salón.

Uno por uno, cada padre vino al frente para declararle a su hijo aquellas cosas quc él apreciaba más acerca de él, o de ella. Hubo mucho intercambio de lágrimas entre padre e hijo, o entre padre e hija. Un padre comenzó con una confesión: "En realidad, nunca antes te he dicho esto..."

La lista de comentarios de cada padre era concreta e individual, lo cual la hacía mucho más significativa. Sus "palabras convenientemente dichas" incluían tesoros como estos:

"Eres el tipo de hija, el tipo de persona, que me ha ayudado a crecer".

"Tienes un corazón que ama a Dios".

"Dios te recompensará por todos los sacrificios secretos que has hecho".

"Lo único que siento es que no tuve diez hijos más como tú".

"Veo que los tesoros que Dios ha puesto en ti están comenzando a florecer".

"Veo a Jesús en ti".

Aquellas observaciones tan sinceras de los padres eran "elogios", en el mejor sentido de la palabra: expresiones de alabanza dadas antes que fuera demasiado tarde. Su poder para bendecir a sus hijos se intensificaba, porque aquellas palabras eran dichas por alguien importante en su vida: el padre.

Al final de cada comentario, padre e hijo se abrazaban. Para terminar, se cantó la bendición de Números 6:24-26 con una melodía compuesta por uno de los padres.

Aquella noche proporcionó la oportunidad para que fluyeran los sentimientos de gratitud y de aliento; en algunos casos, tal vez los sentimientos que no se habían expresado en años.

Si usted no tiene la costumbre de bendecir a sus hijos con palabras amables que salgan de un corazón agradecido, comience ahora. Comience hoy mismo a hablar bien de ellos, y a elogiarlos. Deséeles lo mejor a sus hijos, y tome la iniciativa. Comprométase activamente a bendecir a su familia todos los días, y así le estará permitiendo a Dios que haga lo que a Él le corresponde.

Jehová es tu guardador;
Jehová es tu sombra a tu mano derecha.
El sol no te fatigará de día, ni la luna de noche.
Jehová te guardará de todo mal;
él guardará tu alma.
Jehová guardará tu salida y tu entrada desde ahora y para siempre.

SALMO 121:5-8

CAPÍTULO 7

No se puede aserrar el aserrín

EL SEÑOR ALCE SOBRE TI SU ROSTRO,

"Agua pasada no mueve molino". "No llores por leche derramada". "A lo hecho, pecho". "El reloj no tiene marcha atrás".

Estos son algunos de los muchos refranes que nos decimos a nosotros mismos para consolarnos cuando pensamos en todas las cosas que habríamos querido hacer distintas en la vida, o no haberlas hecho nunca. Y todos tienen buenos consejos. Hasta el apóstol Pablo se enfrentaba de esta forma con su propio pasado: "Pero una cosa hago: olvidando ciertamente lo que queda atrás..." (Filipenses 3:13). No se quedaba sentado, lamentándose de lo que había hecho en los tiempos anteriores a su conversión.

No obstante, Pablo hizo con su pasado algo más que limitarse a dejarlo atarás. También lo usó como inspiración para el futuro. Aprendió de sus experiencias, tanto buenas como malas; tanto éxitos como fracasos. Esa es la razón de que afirme a continuación: "Prosigo..."

A la luz de las palabras de Pablo, mire de nuevo los refranes que acabo de citar. Aunque todos intentan dar ánimo, en realidad ninguno lo logra. Todos se quedan por debajo de lo que dijo Pablo. A diferencia de lo dicho por él, no ofrecen esperanza alguna para el futuro. Es cierto que el agua pasada no mueve molino. Es cierto que lo hecho ya no tiene remedio. Y tal vez no haya que llorar por la leche derramada, pero tanto si lloramos como si no, sí tenemos que limpiar el suelo.

Tal vez usted se haya sentido un poco culpable, o con remordimientos, al leer este libro, porque no bendijo a sus hijos cuando eran pequeños, y ahora ya no están viviendo en su casa. Quizá sienta que ha "fracasado", no solo en cuanto a bendecirlos, sino en cuanto a su papel de padre en general. O tal vez se sienta incluso un poco nostálgico con respecto a su propia niñez, y su relación con sus padres, porque sabe que cuando era niño, no recibió bendición alguna de ellos.

Si cualquiera de estas cosas es cierta en su caso, es posible que se haya estado diciendo: "Total, no vale la pena. Ya es demasiado tarde. Ahora ya no puedo hacer nada".

Eso no es totalmente cierto. De hecho, puede hacer mucho, incluso ahora. Esa es la razón por la que me gusta más otra expresión, que todas las que mencioné al principio del capítulo. Hay quienes dicen: "No se puede aserrar el aserrín". Tal vez no, pero se pueden hacer muchas cosas con él.

Fabrique aserrín prensado con su pasado

Durante años, los aserraderos tenían pocos usos para el aserrín que se iba acumulando cuando cortaban los troncos. La mayoría se desperdiciaba.

Entonces, los investigadores descubrieron que si mezclaban el aserrín con resina y lo comprimían podían hacer un producto que era más fuerte y menos costoso que el original. Así nació el aserrín prensado. Como consecuencia, en la actualidad el aserrín tiene hoy un gran número de usos en todos los tipos de construcción.

Hay un invento parecido que rescata los pedazos de cuero que no sirven. ¿Sabía que se usan por lo menos cincuenta materiales diferentes en las tapas de las Biblias? Cubrimos la palabra con piel de cerdo, piel de oveja, piel de vaca, piel de ternero, durabond, cueroflex, skivertex y kivar; chevo, croupon, rexina y roncote, solo por mencionar algunos. Pero con mucho, la más popular de todas las encuadernaciones de lujo para las Biblias es la llamada "piel unida".

Este material se fabrica con todos los pedazos sobrantes de la piel genuina que se usa en la encuadernación de otras Biblias; se reprocesan los pedazos y se mezclan con unas resinas especiales. El resultado es un nuevo material muy versátil que tiene todas las cualidades de la piel original, pero cuesta menos.

Cuando usted piense sobre su pasado como hijo o como padre, piense en el aserrín prensado, o en la piel unida. ¿Se le ha ocurrido de qué manera podría hacer algo nuevo con lo que ha quedado?

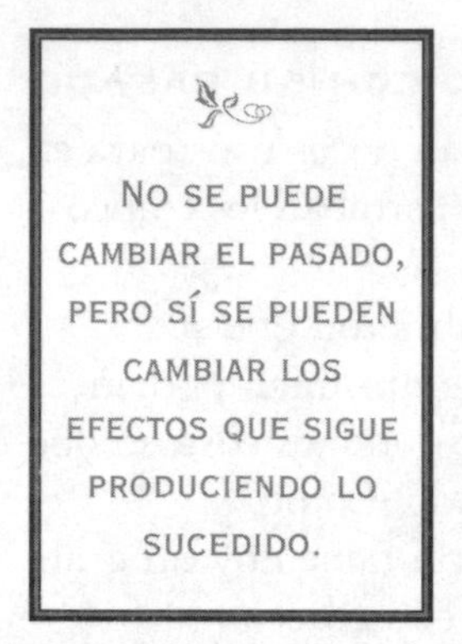

Tal vez le parezca que la oportunidad de que sus padres lo bendigan, o de bendecir a sus hijos, ya ha pasado, y que no puede hacer nada por volver atrás para cambiarlo todo. Cuando era adolescente, tal vez haya sido un hijo modelo, o tal vez haya sido un rebelde que les haya sacado canas a sus padres. Como padre, es posible que haya usado el tiempo en que sus hijos eran pequeños para moldear sus caracteres y sus valores, o tal vez lo haya echado todo a perder. Quizá haya pasado sin mayores problemas por su niñez o su paternidad, bienaventurado y sin darse cuenta de que todo eso habría podido ser distinto, tan feliz como una almeja en marea alta, solo por haber sobrevivido.

En un sentido, lo cierto es que eso en realidad ya no importa. Ya está hecho. Usted ya creció, y no vive en casa de sus padres. O sus hijos ya han crecido, y se hallan fuera de su hogar. No se puede cambiar el pasado, pero sí se pueden cambiar los efectos que sigue produciendo lo sucedido. No se puede aserrar el aserrín, pero sí se puede hacer algo de gran valor y utilidad con él.

UNA OBRA MAESTRA DE ASERRÍN

Hace años, estaba admirando una hermosa escultura que les pertenecía a mi cuñada y su esposo. Aquella obra de arte era el busto de un águila calva, y tenía por título "En Dios confiamos".

El artista es Mario Fernández, un refugiado cubano que llegó a los Estados Unidos solo con la ropa que tenía puesta y el sueño americano. En su país de origen, Mario había pasado dos años en prisión siendo joven, por disidente político. Para él, el sueño americano representaba todo lo que era imposible realizar en Cuba. Solo había sido capaz de cumplir ese sueño, gracias a su fuerte fe en Dios. Esa es la razón de que esculpiera "En Dios confiamos".

Poco después de admirar el águila de Mario, la hermana de Mary y su esposo nos regalaron una. Cuando descubrí de qué estaba hecho aquel hermoso busto del águila calva, pintado a mano y de edición limitada, me quedé perplejo. Estaba hecho de aserrín: aserrín mezclado con resina, al que la habilidad de un artista le había dado su valor.

Mientras reflexionaba sobre la naturaleza del aserrín prensado, la piel unida y la obra maestra de Mario, vi los paralelos entre estas cosas, y las posibilidades que hay en nuestra propia vida. En todos estos casos, hacen falta tres cosas para crear algo nuevo con los restos de lo viejo:

1. Estar conscientes del valor que tienen los restos de lo viejo, cualquiera que sea su estado.
2. Una resina que una el material.

3. Una visión creativa sobre lo que pueden llegar a ser estos restos, tanto si lo que se crea nuevo es aserrín prensado, piel unida, una obra de arte, o una nueva relación con nuestros padres o nuestros hijos.

Cualquiera que haya sido su relación pasada con sus padres o sus hijos, hoy usted puede hacer borrón y cuenta nueva. Aunque haya habido abuso, descuido, hipocresía, o cualquier otra forma destructora de conducta, esas cosas son hoy aserrín, y de usted depende lo que va a hacer con ese aserrín. Lo puede barrer y echar fuera, diciendo: "¡Fuera contigo!", o puede decir: "¡Vaya desorden! ¿Qué puedo sacar de esto?"

Dios es el Artista Maestro, que puede ver esos viejos residuos, y contemplar el producto terminado como una obra de arte; una nueva creación de gran valor. Y Él quiere tomar esos "residuos" de nuestra vida, para mezclarlos bien con su "resina", hasta que todos los pedazos estén sumergidos en ella. Entonces podrá comenzar el proceso de crear obras de arte que le den gloria y alabanza.

¿Cuál es la "resina" que usa Dios para crear algo nuevo? Es su Espíritu Santo. Cuando nos llena de su Espíritu, y nos sometemos a su voluntad, Él nos puede amasar hasta que seamos uno con su Espíritu, y estemos listos para que se complete en nuestra vida su obra de arte. Este proceso sana todas las heridas causadas por los esfuerzos de nuestros padres, o los nuestros propios, por darle forma al material original.

Nunca es demasiado tarde

Nunca es demasiado tarde para buscar la bendición de sus padres, o para darles su bendición a sus hijos adultos. Si nunca antes les ha pedido su bendición a sus padres, o nunca les ha dado la suya a sus propios hijos, comience hoy.

Es posible que necesite quitar primero del medio todo un montón de basura; algunas cosas que sus padres dejaron caer sobre usted, o usted dejó caer sobre sus hijos hace mucho tiempo, y nadie se ha molestado nunca en recoger. Si es así, recoja ahora esa basura. Regrese a esos padres o a esos hijos, y arregle las cosas. Pídales que lo perdonen por todas las veces que tropezó. Sea concreto. Usted sabe cuáles son esas cosas que impiden que tenga con ellos el tipo de relación que desea.

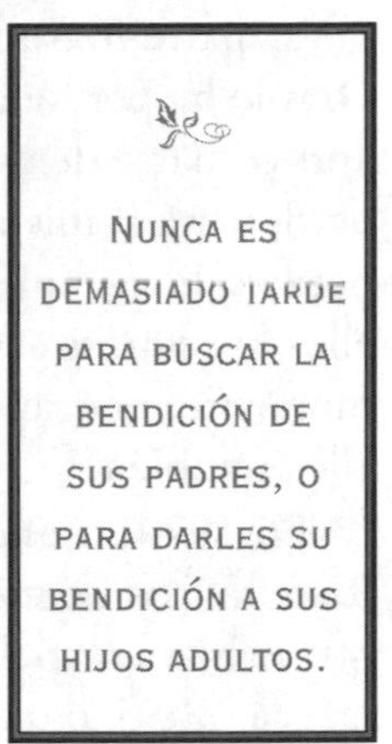

Los dolores y las heridas se pueden sanar. El resentimiento se puede sustituir por una actitud que refleje la personalidad de Dios. El corazón amargado que destruye la vida puede convertirse en un corazón de alabanza y gratitud hacia Dios.

Tal vez le parezca que las cosas han llegado a un punto en que es imposible salvarlas. Quizá esté pensando: *De veras me gustaría hacer lo que usted dice, Rolf, pero yo conozco a mis hijos (o a mis padres), y sé que no lo van a querer recibir. Sé que mi cónyuge se reiría de mí.* Dudo que alguien se ría de usted, sobre todo si usted lo ha perdonado realmente en su corazón.

Como quiera que sea, aunque haya perdonado y pedido perdón, no podrá controlar la reacción de ellos. Solo le será posible controlar la suya propia.

La parte más importante es que usted comprenda que Dios lo ha perdonado, y que todo lo que tiene que hacer es aprovecharse de ese perdón. Entonces, también se debe perdonar a sí mismo. Cuando camine a la luz de ese perdón, lo va a irradiar hacia los que le rodean. Cuando ellos lo vean, se sentirán atraídos hacia él. Y en ese momento, podrán recibir su perdón y comenzar a sanar ellos también.

En 1974, cuando Mary y yo estábamos aún en Puerto Rico, mi pastor me pidió que fuera uno de los siete laicos que hablarían en el culto de Viernes Santo en nuestra iglesia. Me dijo que cada uno de nosotros tendría cinco minutos para hablar sobre una de las "Siete Palabras" de Cristo en la cruz (Mateo 27:46; Lucas 23:34, 43, 46; Juan 19:26-30). Cuando le pregunté sobre cuál de las siete palabras debía hablar, él me dijo: "Escoge la que quieras. Eres la primera persona con la que hablo". Yo revisé la lista y escogí el pasaje de Lucas 23:34: "Padre, perdónalos, porque no saben lo que hacen".

Tenía tiempo más que suficiente para preparar una charla de cinco minutos. *Cualquiera puede hablar cinco minutos sobre el perdón,* pensé, así que no me molesté en pensar sobre el tema hasta la noche anterior al día en que tenía que hablar. Cuando me senté a mi escritorio para hacer un breve bosquejo, no me salía nada.

Allí estuve sentado varias horas, leyendo y volviendo a leer la historia de la crucifixión y los comentarios sobre el tema. Era como si le tuviera puesta una tapa a ese tema en mi mente. No me venía nada. Finalmente, decidí descansar.

Por la mañana temprano, volví a mi oficina en busca de alguna claridad para mis pensamientos. Nada. Me fui temprano para la iglesia, pensando que tal vez el ambiente y la música me ayudarían. Finalmente, miré el boletín, con la esperanza de ver mi nombre al final de la lista, de manera que pudiera adquirir algunas ideas de los otros que iban a hablar.

Con gran disgusto, vi que era el primero en el programa. Me pregunté: *¿Por qué soy el primero? ¿Será porque me lo pidió a mí primero?* ¡Y entonces me di cuenta! Era el primero en el programa, porque "Padre, perdónalos, porque no saben lo que hacen" era la primera cosa que Jesús había dicho desde la cruz. Antes de decir "Dios mío, Dios mío, ¿por qué me has desamparado?", declaró ante todos los que le rodeaban –perseguidores, amigos, familiares y curiosos–: "Padre, perdónalos, porque no saben lo que hacen". Antes de decir "Tengo sed", dijo "Padre, perdónalos".

Cuando me di cuenta de que la primera preocupación de Jesús era que fueran perdonados aquellos que lo estaban

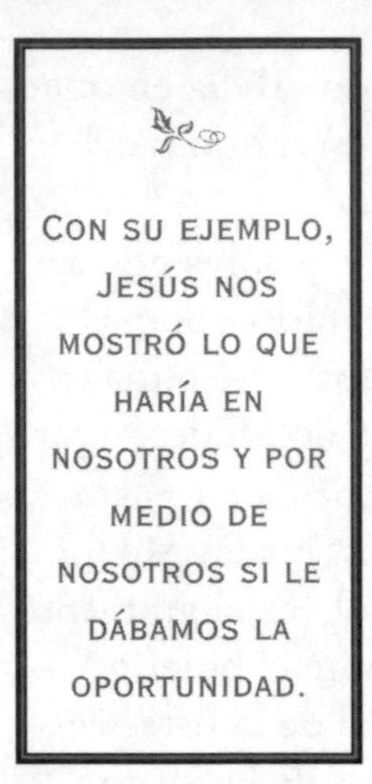

maltratando, me sentí ansioso por hablar. De ninguna manera iban a bastar cinco minutos para compartir lo que acababa de descubrir.

Con su ejemplo, Jesús nos mostró lo que haría en nosotros y por medio de nosotros si le dábamos la oportunidad. El mismo Espíritu que no solo permitió que Jesús manifestara este perdón, sino que también lo resucitó de entre los muertos, es el Espíritu con el que Dios nos quiere llenar, para que seamos conformados a su imagen. Entonces, y solo entonces, podremos conocer realmente el poder del perdón para liberarnos del pasado, tanto a nosotros como a quienes nos han ofendido.

El hecho de experimentar el perdón de Dios nos libera para que comencemos a bendecir a nuestra familia, en lugar de maldecirla. Nos abre la puerta para que les hablemos con sinceridad sin sentir vergüenza o culpa, porque Jesús cargó con nuestra vergüenza y culpa en la cruz.

Si usted es adulto y sus padres nunca lo han bendecido, vaya donde ellos y pídaselo. Esto lo liberará a usted, y también a ellos, para que experimenten un nuevo nivel de amor y aceptación. Si tiene hijos ya adultos, vaya donde ellos y aclare bien el pasado. Después, pídales que le permitan bendecirlos. Cuando lo haga, Dios los va a bendecir a todos.

Y el mismo Jesucristo Señor nuestro, y Dios nuestro Padre, el cual nos amó y nos dio consolación eterna y buena esperanza por gracia, conforte vuestros corazones, y os confirme en toda buena palabra y obra.

Y el Señor encamine vuestros corazones al amor de Dios, y a la paciencia de Cristo.

Y el mismo Señor de paz os dé siempre paz en toda manera.

El Señor sea con todos vosotros.

2 TESALONICENSES 2:16, 17; 3:5, 16

CAPÍTULO 8

La expansión del círculo

Ahora bien, ¿qué decir de todos esos "HOPs" ("hijos de otras personas") que andan por ahí? ¿Quién los va a bendecir? Alguien dijo en una ocasión que tal vez nosotros seamos la única Biblia que van a leer muchas personas. También tal vez seamos los únicos que lleguemos a hablar una bendición sobre ciertas personas. ¿Nos atreveríamos a dejar pasar la oportunidad?

La bendición de los hijos, tal como se define en este libro, no está limitada a nuestros propios hijos. Ni siquiera está limitada a los hijos en sí. Se extiende para incluir a toda la "familia humana".

El ejemplo del propio Jesús es el de alguien que bendijo a los hijos de otros. Era típico de Él tomar a los niños en sus brazos, imponerles las manos y bendecirlos (Marcos 10:16). Sin duda, los niños lo rodeaban con frecuencia, no solo porque se sentían bien junto a Él, sino también porque sabían que tenía una bendición esperándolos.

Los abuelos son las personas que se hallan en la posición más obvia para bendecir a los niños. Es probable que tengan oportunidades frecuentes de bendecir a los hijos de sus hijos.

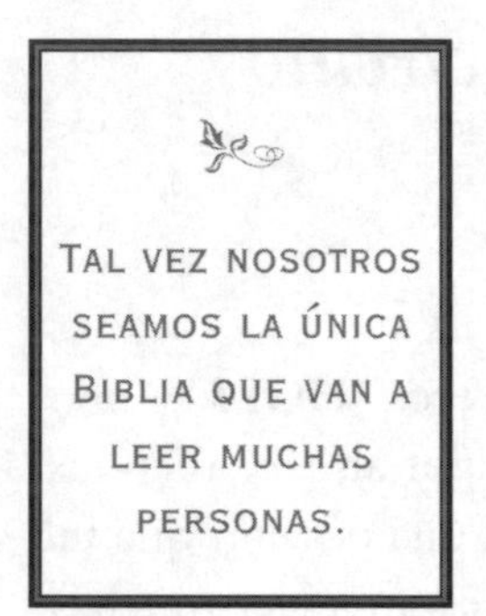

Mi abuelo era un ejemplo clásico de "bendecidor". Le encantaban los niños; había tenido catorce hijos y veintiocho nietos. A nosotros siempre nos gustaba estar con abuelo.

Siempre estaba haciendo algo para que nos riéramos. Y lo mejor de todo era que, cuando nos reuníamos en la sala, él metía la mano en el bolsillo, hacía sonar las monedas que tenía allí, y comenzaba a tirarlas a la alfombra. Todos nos tirábamos de cabeza en un montón para conseguir algo. Era una "bendición" bondadosa y llena de amor para manifestar que estaba encantado con los pequeñuelos que lo rodeaban. Todos los nietos sabíamos que teníamos la aprobación de abuelo, lo cual era importante para él.

En lugar de tirarles monedas a sus nietos, mi padre siempre llevaba "kokky" –pedazos de caramelo duro– en el bolsillo de la camisa. Antes que sus nietos pudieran caminar o hablar, ya comprendían que abuelo tenía "kokky". Sabían dónde hallarlo, y que abuelo tenía una cantidad ilimitada. Todo lo que tenían que hacer era levantarse desde su regazo y meter la mano. La relación con los abuelos es sumamente importante para la autoestima y el desarrollo del carácter de los niños. Los estudios sugieren que los niños que se han criado cerca de sus abuelos y pasan tiempo con ellos, tienen un alto sentido de seguridad y bienestar. Hace poco oí hablar de un programa destinado a involucrar a los abuelos en la vida de los hijos de las madres solteras. Las investigaciones hechas por el grupo que patrocina este programa coincidían con otros estudios sobre el valor de la presencia de un abuelo en la vida de un varoncito criado por una madre soltera. Esto se hacía especialmente evidente en los varones de diez a quince años de edad. Si la presencia del abuelo y su participación en la sociedad pueden impactar de manera positiva a los niños en este tipo de ambientes, pensemos en los beneficios que reciben esos niños cuando ese abuelo los bendice activamente. Esa bendición puede incluir tanto una bendición verbal, con imposición de manos, sacada de Números 6:24-26, como otras bendiciones sencillas: decir las palabras "Que Dios te bendiga", acariciar con amor, asentir para manifestar comprensión, escuchar,

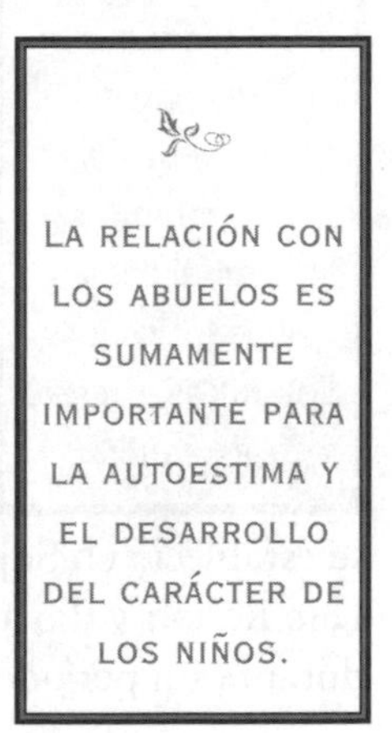

besar y perdonar, prestar el hombro para consolar. Todas estas cosas son señales de aceptación y aprobación que indican interés en el niño.

Con frecuencia, los abuelos tienen dos importantes cualidades con las cuales pueden contribuir a establecer relaciones con los niños: tiempo y paciencia. Así que es maravilloso que decidan invertir esos valiosos productos en sus nietos.

CON FRECUENCIA, LOS ABUELOS TIENEN DOS IMPORTANTES CUALIDADES CON LAS CUALES PUEDEN CONTRIBUIR A ESTABLECER RELACIONES CON LOS NIÑOS: TIEMPO Y PACIENCIA.

Mi abuela tenía una cualidad poco común que era una gran bendición para los jovencitos: la serenidad. Tenía la habilidad de tomar con gracia cuanto la vida le deparara, de alabar a Dios tanto en los buenos tiempos como en los malos, de permanecer fiel durante los tiempos de dificultad, y de servir a los demás gozosamente y sin quejarse, aunque tal vez sus necesidades fueran menores que las de ella. Ciertamente, si alguien se ha ganado el título de santa, es ella.

"Gramma", como la llamábamos, vino de Noruega en su adolescencia, y se estableció en Superior, estado de Wisconsin. Se casó con Lars Roholt y dio a luz a sus primeros siete hijos en su casa durante un período de diez años. En una temporada terriblemente dolorosa que duró cuatro años, perdió el primero, el cuarto y el sexto de sus hijos, todos varones: uno de escarlatina a los seis años, otro de fiebres tifoideas a los tres, y el último de deshidratación a los seis meses de edad. Además, los otros cuatro niños estuvieron a punto de morir todos con la escarlatina.

Cuando nació su sexto hijo, Gramma estaba tan fuertemente impedida por una forma de artritis, que no se podía peinar a causa del dolor, y tenía que arrastrarse para subir las escaleras. Sin embargo, nadie la oyó quejarse jamás. Ella le entregaba su dolor a Dios.

Mejoró notablemente de su artritis cuando la familia se mudó lejos del clima frío y húmedo de los alrededores del lago Superior. Pronto se convirtió en líder de su iglesia. Era una bendición para todos los que la conocían. ¡Y también dio a luz a siete hijos más!

Cuando tenía poco más de cincuenta años, le volvió la artritis. Por el resto de su vida, estuvo en un dolor constante. Sin embargo, la observación más negativa de cuantas le oí acerca de su situación, era que le impedía hacer más por los demás. Decía, con su fuerte acento noruego: "Si tuviera sanas las dos piernas, correría y saltaría como un pollo".

Un día, cuando Gramma tenía ya noventa y dos años, y vivía con mis padres, salió cojeando de su cuarto con su andador, y le dijo a mi madre: "Sí, Blanche. ¿Sabes? Estaba leyendo esta revista, y hallé una palabra que define exactamente el tipo de persona que yo soy". La palabra era *optimista*.

Tenía muchísima razón. Además, era una vencedora; alguien que consideraba las necesidades de los demás como mayores que las suyas, y siempre estaba buscando formas de compartir la victoria que tan bien conocía en Jesús. Era una "bendecidora" en todo sentido.

Los abuelos tienen una multitud de oportunidades para bendecir a sus nietos. Su papel en la vida de ellos es vital. Muchas veces, son ellos los que tienen el tiempo y las cualidades de carácter que los niños necesitan.

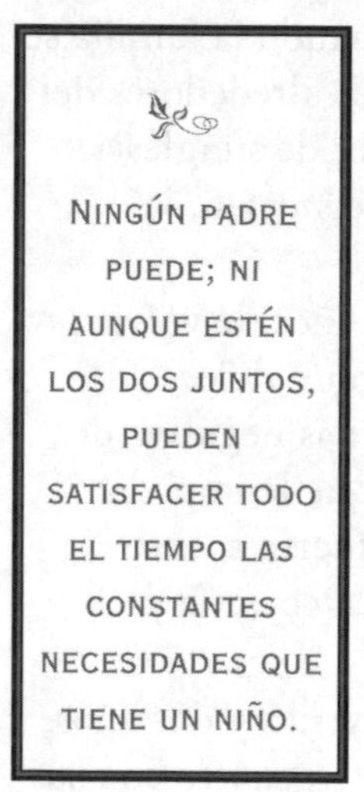

Ningún padre puede; ni aunque estén los dos juntos, pueden satisfacer todo el tiempo las constantes necesidades que tiene un niño. Así que hallar otros adultos que lo apoyen en el enriquecimiento de la vida de su hijo es algo que los bendice a ambos. La necesidad de ser bendecido por la atención constante, la aprobación y la buena voluntad de un padre, es real y muy difícil de satisfacer constantemente por la mayoría de los padres.

Los cristianos adultos capaces de interesarse en los niños, se pueden convertir en "activistas de la bendición". Vea a quiénes les puede dar una palabra considerada y de aliento. El mundo está repleto de oportunidades para dar un elogio sincero y lleno de afecto; para decir una palabra que le ilumine el día a un niño, o para demostrarle que usted se preocupa por él.

No hace falta mucho tiempo para expresar una o dos bendiciones diarias. Basta que piense en los lugares donde usted va, en los cuales puede encontrar una oportunidad de bendecir a un niño. Pídale a Dios que le muestre lo que usted puede hacer para comenzar a bendecir a esos "HOPs".

El don bíblico de la bendición no se limitaba a bendecir a los niños; la gente de *todas las edades* necesita recibir el favor y el poder de Dios. Todos llevamos un niño dentro. Si a ese niño nunca lo han bendecido, sigue buscando aún esa bendición. La búsqueda no termina cuando llegamos a la edad adulta.

Tal vez se trate de un hermano o hermana que necesita una bendición, o quizá un amigo o compañero de trabajo.

La mayoría de nosotros tenemos una serie de contactos estrechos con adultos que no son miembros de nuestra familia, y estas relaciones continuas nos pueden proporcionar una oportunidad para hablar una bendición.

Son incontables las personas, tanto niños como adultos, que están esperando que alguien hable la bendición de Dios sobre su vida. Las posibilidades de bendecir son inagotables. Comience hoy mismo.

Y a aquel que es poderoso para guardaros sin caída, y presentaros sin mancha delante de su gloria con gran alegría, al único y sabio Dios, nuestro Salvador, sea gloria y majestad, imperio y potencia, ahora y por todos los siglos. Amén.

JUDAS 24, 25

CAPÍTULO 9

La bendición como forma de vida

Y TE DÉ PAZ

Todo el mundo quería a mi padre; es decir, todo el mundo menos el señor Aune y su esposa. Eran vecinos nuestros en el lago donde vivimos trece años. No era nada personal. Al menos, no había comenzado así.

Veinte años antes de que nosotros nos pasáramos a la casa vecina a la suya, los esposos Aune habían tenido un fuerte encuentro con un miembro de su iglesia. En lugar de resolver el conflicto, se volvieron sumamente amargados; no solo hacia el otro miembro o incluso, hacia el resto de los miembros de su iglesia. No; estaban amargados con todo el que asistiera a una iglesia, dondequiera que fuera. Y se lo decían a todo el que los quería escuchar.

Los esposos Aune andaban alrededor de los sesenta y cinco años cuando los conocimos. En cuanto supieron que éramos cristianos, decidieron que no querían saber nada de nuestra fe, ni de nosotros. Tratamos de respetar sus deseos, pero Dios tenía otros planes.

Nuestra casa estaba junto a un lago, y allí había varios acres de terreno, lo cual le daba a nuestro perro Shultz amplitud para correr. Sin embargo, por alguna razón, nunca era suficiente, así que con frecuencia visitaba también el patio de los esposos Aune. Las incursiones de Shultz molestaban en especial a la señora Aune, quien mostraba su frustración gritándole diversas cosas, ninguna de las cuales él entendía. Hasta notificó al jefe de policía del pueblo acerca de Shultz. Nosotros tratamos de mantenerlo en casa, pero cada vez que se acercaba a nuestra parte del lago un bote tirando de un esquiador acuático, ni una cadena con bola de hierro habría sido capaz de detenerlo.

Finalmente, llegó el día en que la señora Aune y Shultz tuvieron una confrontación. Ella estaba en su patio excavando dientes de león, usando un pico con un mango de madera de metro y medio en un extremo, y una afilada hoja con dos puntas en la otra. Cuando Shultz pasó volando por su patio, ella giró como si fuera lanzadora de béisbol y le tiró aquel arma mortal. Por fortuna para Shultz, estaba fuera de práctica, y la herramienta le pasó por encima del lomo sin hacerle daño.

Al cabo de unos minutos, la señora Aune nos estaba aporreando la puerta. Mi padre, que había observado el encuentro por la ventana, se ofreció a recibir a nuestra visitante.

Nunca olvidaré los momentos que siguieron. Mientras él abría la puerta, allí estaba la señora Aune, literalmente saltando de rabia, como si fuera uno de esos juguetes de cuerda hechos de plástico.

Durante un tiempo que me pareció una eternidad, la señora Aune le gritó a mi padre a todo pulmón. Cuando se le acabaron las palabras, se quedó allí de pie, chisporroteando como si fuera un motor viejo. Por fin se le acabó el combustible, y se calló. Mi padre, con el corazón desbordante de compasión, le contestó: "Estimada señora Aune, siento mucho que la hayamos molestado tanto. ¿Nos podrá perdonar alguna vez? No vamos a permitir que vuelva a suceder. Que Dios la bendiga, señora Aune". Durante unos instantes, ella se quedó boquiabierta en silencio. Después giró sobre sus talones y atravesó el patio marchando.

Durante varias semanas no vimos a los esposos Aune, y papá se comenzó a preocupar. Su césped, que generalmente estaba muy bien cuidado, creció, y necesitaba que lo cortaran con urgencia. Así que, después que él nos empujara considerables veces a hacerlo, mi hermano y yo terminamos convenciéndonos y fuimos a cortarles el césped. En aquellos tiempos teníamos unos catorce y dieciséis años, y no era esa la forma en que habíamos pensado pasarnos un cálido día de verano en el lago. Nos tomó todo el día cortar y rastrillar el césped en su gran patio. Pero lo hicimos, por pocas ganas que tuviéramos.

Mientras trabajábamos, en la casa de los Aune nadie daba señales de vida, pero sabíamos que ellos estaban allí. Dos semanas más tarde, mi hermano y yo protestamos de nuevo cuando mi padre nos pidió que les cortásemos el césped. Esta vez vimos a la señora Aune atisbando tras las cortinas.

Después de pasadas dos semanas más, mi padre volvió a mirar al césped de los Aune y nos dijo: "Bien, muchachos..." Nosotros sabíamos lo que aquello significaba. Aquella vez, cuando estábamos terminando, la señora Aune salió llevando una bandeja con un gran vaso de limonada para cada uno de nosotros. Nos dio las gracias por cortarle el césped y nos explicó que Al, su esposo, no se había estado sintiendo bien. Le dijimos que lo sentíamos, y que nos agradaría ayudarlos de cualquier forma que pudiéramos. Más tarde, en el otoño, la señora Aune nos llamó: "¿Pueden venir enseguida? Al está muy enfermo". Mis padres se fueron enseguida para su casa. La señora Aune los llevó al cuarto, donde estaba su esposo acostado. Hablaron con él acerca de su enfermedad, su pasado con la iglesia, el estado de su alma y la sangre redentora de Cristo que lo podía limpiar de nuevo. El señor Aune los escuchó, les dio las gracias, y les pidió por favor que regresaran.

Durante las semanas siguientes, mis padres visitaron a los Aune varias veces. Por fin, llegó el día en que ambos oraron para recibir a Cristo como Salvador. Aún recuerdo el gozo de mis padres cuando nos lo contaron.

Dos semanas más tarde, el señor Aune pasó a la presencia del Señor. La señora Aune se unió a nuestra iglesia, y trató de recibir todo cuanto pudo. Durante el verano siguiente, fue bautizada en el lago Wissota. Creció en la fe y se hizo muy amiga de nuestra familia. Unos pocos años más tarde, fue a reunirse con su esposo. ¿Qué les habría pasado a los esposos Aune si mi padre le hubiera respondido a ella con dureza en aquella tarde de verano? Dios usó una respuesta mansa, una palabra amable, una obra de amor, una bendición, para extender su reino aquí en la tierra.

La respuesta de papá a la señora Aune aquel día no era un caso aislado de semejanza a Cristo. Gran parte de lo que yo he aprendido acerca de la bendición, lo aprendí de mi padre. No solo era un hombre que sabía bendecir a la gente, sino que usaba la bendición como estilo de vida.

> GRAN PARTE DE LO QUE YO HE APRENDIDO ACERCA DE LA BENDICIÓN, LO APRENDÍ DE MI PADRE.

La descripción bíblica del rey David nos presenta otro hombre que conocía la bendición como estilo de vida. De hecho, entre las numerosas veces que la Biblia usa alguna forma del verbo *bendecir,* hay más de setenta que se le atribuyen a David. Y en una ocasión en particular, cuando recuperó de sus enemigos el arca del pacto, este rey manifestó un esquema de conducta que todos deberíamos imitar. En aquel momento, David habló una bendición en tres direcciones. Leemos que bendijo a Dios por su bondad, diciendo: "Bendito sea Jehová Dios de Israel, de eternidad a eternidad" (1 Crónicas 16:36). Bendijo también a todo el pueblo que lo rodeaba: "Y cuando David acabó de ofrecer el holocausto y los sacrificios de paz, bendijo al pueblo en el nombre de Jehová" (v. 2). Por último, bendijo a su familia: "Y todo el pueblo se fue cada uno a su casa; y David se volvió para bendecir su casa" (v. 43).

Cuando leemos las numerosas historias sobre David que hay en la Biblia, leemos sobre un hombre que parece haber estado bendiciendo continuamente a Dios, a su familia y al pueblo. Es evidente que su hijo Salomón se sentía impresionado con su ejemplo, porque siguió el modelo dejado por él (1 Reyes 8:12-15). Entonces, no es de extrañarse que el rey David, el hombre de bendición, fuera llamado "hombre según el corazón de Dios", el que hacía todo cuanto Dios quería que hiciera (Hechos 13:22).

La ampliación del círculo de influencia

Las bendiciones familiares pronunciadas de manera acostumbrada sobre los hijos solo son el centro de un círculo de influencia que se puede ampliar para incluir nuestras interacciones en todo tipo de relaciones. Comenzar este proceso nos puede parecer un desalentador reto. Pero lo hermoso de todo es que el cambio comienza con la primera bendición. Un solo punto de dedicación a establecer un hábito que solo toma unos minutos, proporciona toda una vida de beneficios.

Cuando comenzamos por aprender a ser fieles en las cosas pequeñas, podemos seguir adelante y llegar a ser fieles en las mayores (Mateo 25:21).

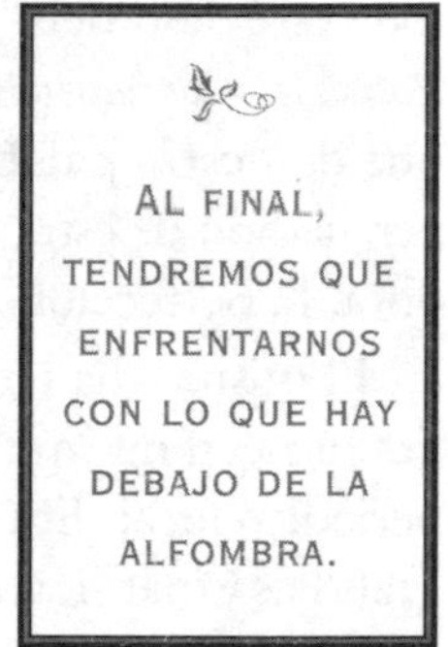

La bendición de nuestros hijos y de otras personas que nos rodean es como tantas otras disciplinas de la vida cristiana. Es demasiado fácil barrerla debajo de la alfombra y descuidarla. El problema de nuestra tendencia a meter las cosas "debajo de la alfombra" es que pronto terminamos con tantas cosas allí, tanto buenas como malas, que no sabemos dónde comenzar para limpiarlas. Eso es normal. Nos sucede a todos. Al final, tendremos que enfrentarnos con lo que hay debajo de la alfombra. Es mejor empezar ahora, que esperar a después.

Es falso pensar que no pasa nada por tener basura en la vida, siempre que se mantenga oculta.

Una vez pasé por un tiempo espiritualmente difícil. Tenía tanta basura debajo de la alfombra, en las esquinas y en todos los armarios de mi vida, que se iba a comenzar a derramar hacia los lugares donde se podría ver. Cuando por fin la situación se volvió desesperada, clamé a Dios en busca de ayuda.

Él comenzó una maravillosa purificación de corazón. Fue caminando por todos los cuartos de mi corazón, haciendo resplandecer la delicada luz de su Espíritu Santo en todos los rincones oscuros. No había condenación ni castigo, sino solo el conocimiento de que todo iba a salir bien.

Yo le pregunté: "Señor, ¿cómo vamos a poder limpiar todo este desorden?" Y Él me respondió: *No te preocupes por eso. Vamos a ir de cuarto en cuarto.* Entonces me acordé del consuelo que dan estas palabras de Pablo a los filipenses: "Estando persuadido de esto, que el que comenzó en vosotros la buena obra, la perfeccionará hasta el día de Jesucristo" (1:6).

El mismo día en que Dios comenzó esta labor de limpieza en mí, me llamó la atención un artículo del periódico local. Era una historia acerca de una antigua y grandiosa mansión de Saint Paul, estado de Minnesota, que había sido el orgullo y el gozo de sus dueños originales. A lo largo de años de maltrato y poco mantenimiento, aquella casa se había ido deteriorando. Por fin la habían abandonado, y la habían marcado para demolerla.

Solo días antes de la fecha fijada para demolerla, un matrimonio joven pasó junto a ella y, viendo más allá de lo que era obvio, vio lo que podría llegar a ser. Decidieron comprarla para restaurarla. Finalmente, se llegó a un acuerdo poco acostumbrado: La ciudad les vendió la mansión por un dólar, con la condición de que se mudaran a ella el día en que se finalizara el traspaso de la propiedad. El matrimonio lo aceptó. Aquella casa era un desastre sucio, infestado de ratas y con las ventanas rotas, y solo servía para destruirla. Así le parecía a todo el mundo, menos a sus nuevos dueños. Después de una renovación de tres años, aquella casa reflejaba en todos sus cuartos la personalidad de la joven pareja. Cuando el periodista que los había entrevistado al principio les preguntó cómo se las habían arreglado para hacer aquel trabajo, ellos le dijeron que, después de recorrer cada cuarto, observando lo que se necesitaba hacer, decidieron ir terminando un cuarto tras otro, hasta que se terminara el trabajo.

Me siento profundamente agradecido de que Dios, en su sabiduría, nos trate a nosotros así. Todos somos una obra en progreso, y su Espíritu nos está remodelando. Eso nos debe dar esperanza en cuanto a los cambios que se están produciendo en nuestra vida, y en la vida de los miembros de nuestra familia.

He orado para que Dios le hablara mientras leía este libro. Tal vez Él le haya hecho ver algunos bultos que se notan debajo de su alfombra, y se haya ofrecido a ayudarlo en la limpieza.

Permítale que comience a limpiar ahora mismo. Así como la mansión acabada de remodelar reflejaba el carácter de la pareja que la compró, permita que Dios comience a reflejar su carácter en su vida a través de su labor de remodelación.

Tal vez haya algunas cosas de *La bendición familiar* que le parezcan ciertas, mientras otros puntos no se relacionan para nada con su experiencia. Así es como debe ser. Es como cuando vamos pasando ante una mesa sueca: Lo más probable es que todo sepa bien, pero no todo lo va a atraer al mismo tiempo. Así que tome aquello de lo que se pueda beneficiar ahora, y comience a ponerlo en práctica en su vida.

Comience con la parte que le parezca más importante para usted. Tal vez necesite una restauración con los padres que nunca lo bendijeron. Tal vez su preocupación es que lo perdonen unos hijos que ya crecieron y se marcharon de la casa. O tal vez Dios le esté insistiendo en que hable bien de los demás. Lo que sea, comience allí.

No es importante que lo comprenda todo antes de hacer algo. Comience a aplicar los principios de la bendición *allí donde está.* Aplique lo que sí comprenda, y cometa algunos errores mientras camina, en lugar de esperar a que todo esté claro. Con el tiempo se aclarará todo.

Mientras tanto, al principio, no tenga miedo de "arruinar las cosas". Ya habrá quienes lo apoyarán y estarán deseosos de ayudarlo. Si su corazón es recto en lo que hace, Dios va a hacer el resto.

LA BENDICIÓN LLEVA CONSIGO UNA RICA RECOMPENSA QUE SE COMIENZA A ACUMULAR DE INMEDIATO.

Comience hoy mismo a bendecir. La bendición lleva consigo una rica recompensa que se comienza a acumular de inmediato. El apóstol Pablo decía: "Y eso según lo que a cada uno concedió el Señor. Yo planté, Apolos regó; pero el crecimiento lo ha dado Dios. Así que ni el que planta es algo, ni el que riega, sino Dios, que da el crecimiento. Y el que planta y el que riega son una misma cosa; aunque cada uno recibirá su recompensa conforme a su labor" (1 Corintios 3:5-8). Dios le ha asignado a cada uno de nosotros la tarea de bendecir a los demás, y es Él quien nos dará la recompensa.

Tal vez la mayor recompensa de la bendición es la herencia que nos permite dejarles a nuestros hijos; el tipo de herencia que mi padre nos dejó a mis hermanos y a mí.

Mi padre era un gigante ante mis ojos. Trabajaba duro y atendía bien nuestras necesidades. Y manifestaba su amor por mi madre y por nosotros.

Cada vez que nos saludaba, nos abrazaba y nos decía: "Te quiero". Nunca le levantó la voz a mi madre, y yo nunca los oí discutir ni pelear.

Cuando era niño, todas las mañanas, cuando salía tambaleando de mi cuarto, lo veía tirado en el sofá, leyendo su Biblia y orando. Su gran motivación abrumadora en la vida era ver que sus tres hijos llegaran a conocer y amar a Dios con todo el corazón.

Mis padres oraban juntos todos los días. En sus oraciones iba incluida la petición de que cada hijo hallara una esposa que lo amara, y compartiera su fe y su consagración al Señor. Esas oraciones han tenido una respuesta maravillosa.

Cuando nos casamos Mary y yo, recibimos muchos regalos hermosos y deseos llenos de afecto. Un regalo en particular lo atesoramos aún hoy, y es el versículo bíblico que mis padres nos dieron como bendición de toda la vida para nuestro matrimonio:

"Antes sed benignos unos con otros, misericordiosos, perdonándoos unos a otros, como Dios también os perdonó a vosotros en Cristo" (Efesios 4:32).

Mi padre mantenía las cuentas cortas, tanto si era en los negocios, como si era en las relaciones personales. Una de mis historias favoritas es la que nos solía contar siendo niños sobre la niña noruega que le preguntó a su mamá cuándo regresaría Jesús.

"Bueno", le dijo la mamá, "no sabemos cuándo será. Podría suceder en cualquier momento".

La hija pensó un instante, y le dijo: "Entonces, mamá, es muy importante que tengamos las maletas hechas, ¿no es así?"

Mi padre siempre tenía las maletas hechas. Siempre estaba listo para partir.

En una fría mañana de enero del año 1985, mis padres se levantaron temprano, mucho antes del amanecer, como siempre, y fueron a sus asientos favoritos para leer y orar juntos. Además de la Biblia, el libro favorito de mi padre era un devocionario escrito por el autor noruego Frederick Wisloff, llamado *Rest a While* ["Descansa un rato"]. Lo había leído completo un número incontable de veces, tanto en noruego como en inglés. A continuación se halla el pasaje que leyó aquella mañana:

Mi morada ha sido movida y traspasada de mí, como tienda de pastor. Como tejedor corté mi vida; me cortará con la enfermedad; me consumirás entre el día y la noche.

Isaías 38:12

La vida humana se parece a un tapete que se va a tejer. Día tras día, se mueve la lanzadera hacia atrás y hacia delante, y va creciendo el tapete. A medida que se va poniendo un hilo tras otro, el diseño comienza a surgir. Un hilo es algo muy pequeño. Sin embargo, todo el tapete está hecho de hilos así. Si se tejen incorrectamente unos cuantos hilos, el diseño entero se echa a perder.

Un día parece muy pequeño e insignificante. Y sin embargo, cada día es una parte de la vida. Si vivo cada día de manera inadecuada y descuidada, ¿qué le hará esto al diseño de mi vida?

Cuando se termina el tapete, se enrolla, y se cortan los extremos de los hilos. Entonces, ya no se puede seguir tejiendo. Se almacena, hasta el día en que se ponga en exhibición y se lo juzgue.

Amado Dios, concédeme que el tapete de mi vida sea tejido de manera adecuada. Te entrego la lanzadera. Haz conmigo como quieras; lo que anhelo es que algún día, cuando los hilos de mi vida sean cortados y se juzgue ese tapete, su diseño sea tu imagen.[1]

Cuando mi padre terminó de leer esto, lloró mientras derramaba el corazón ante su Padre en oración. Era raro que llorara; excepto cuando estaba orando. Cuando oraba, el amor de Dios lo abrumaba con frecuencia, y lloraba de gratitud. Aquel día se sentía más agradecido que nunca por todo lo que Dios había hecho.

Mientras oraba, intercedió como siempre por su esposa, por sus hijos y por sus familias. Entonces, oró por sí mismo, para que no hubiera ningún hilo inadecuadamente tejido que echara a perder el tapete de su vida. Oró para pedirle a Dios que lo purificara de todo el pecado que pudiera haber en su vida, de manera que estuviera limpio cuando compareciera ante Él.

Aquella noche, mi hermano y su esposa cenaron con mis padres. Durante la sobremesa, mi padre dijo: "¿Saben? Últimamente he estado soñando mucho, y suele ser el mismo sueño. Me veo como parte de una inmensa multitud de creyentes que se halla de pie ante el trono de Dios, y todos estamos adorando al Señor. Algunas veces miro a la gente que me rodea, y reconozco algunos amigos. Entonces me doy cuenta de que todos esos amigos ya han fallecido. ¿Les parece que esos sueños quieran decir algo?"

Mi hermano y su esposa no supieron qué decir. Dos días antes, mi padre le había dado un abrazo a un amigo, y le había dicho: "¿Sabes, Terry? Yo ansío estar con mi Señor. ¿No te sucede a ti lo mismo?" Así que se preguntaron qué podría significar todo aquello.

Más tarde, después de comer algo de helado y oír las noticias de la noche, mi padre le dio un tierno abrazo a mi madre, le dijo que la amaba mucho, dio un suspiro y se marchó; se marchó con el Dios al que amaba y servía. Tenía setenta y ocho años.

No pasa un solo día sin que algo me recuerde a mi padre. Por ejemplo, cuando mi hijo estaba pasando por ciertos tiempos de búsqueda y de dudas sobre su fe, yo sentí que lo debía ir a visitar al colegio universitario. Mientras hablábamos hasta bien entrada la noche, él recordaba.

"Papá", me dijo, "hace cuatro años, cuando abuelo estaba vivo, pasé a verlos a él y a abuela. Hablamos un rato y, cuando estaba a punto de irme, les di a ambos un abrazo y un beso, y les dije que los amaba. Entonces abuelo me dijo: 'Carlton, ¿sabes una cosa? Mi anhelo más profundo para ti es que conozcas y ames al Señor con todo el corazón'.

"¿Sabes, papá?", me dijo Carlton. "Esas fueron las últimas palabras que me dijo abuelo". Ambos lloramos.

Varias semanas después de que mi padre pasara a la presencia del Señor, mamá estaba revisando sus pertenencias. Metida entre ellas, encontró una carta dirigida a sus tres hijos y a nuestras familias. Estaba escrita con su puño y letra, y en ella recordaba su niñez en Noruega, el encuentro con nuestra madre, y su amor al Señor. Antes de terminar la carta, se aseguró de que supiéramos qué es lo que más latía en su corazón con respecto a nosotros:

> *Ahora, al terminar, solo quiero que sepan que los amo a todos: hijos, esposas, nietos y biznietos. Oramos por ustedes y mencionamos sus nombres ante el trono de la gracia todos los días. Pedimos con toda sinceridad que todos nos encontremos algún día en el hogar de aquella tierra de gloria. Permanezcan cerca de Jesús, y Él permanecerá cerca de ustedes. Él dice: "No temas, porque yo estoy contigo; no desmayes, porque yo soy tu Dios que te esfuerzo; siempre te ayudaré, siempre te sustentaré con la diestra de mi justicia".*

Con estas palabras, mi padre nos dio su bendición. En un sentido poderoso, toda su *vida* había sido una bendición. Conocía el corazón de Dios, y anhelaba que sus tres hijos, y las familias de ellos, también lo conocieran. A ese fin consagró su vida; una consagración que compartió mi madre, y que sigue llevando consigo por medio de sus oraciones y bendiciones.

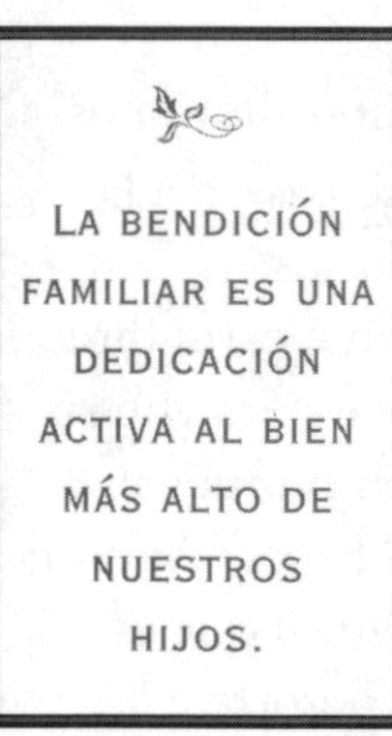

¿Qué es la bendición familiar? Es una dedicación activa al bien más alto de nuestros hijos, para que conozcan y amen con todo el corazón al Señor su Dios.

Tal vez la historia del último día de mi padre nos ayude a meditar sobre el cuadro general de nuestra vida. Cada palabra, por pequeña que sea, cada interacción con nuestros hijos, es un hilo que se une a muchos otros para formar la urdimbre del carácter de ellos. ¿Cuál va a ser esa urdimbre? Cada actitud que cultivamos es una puntada en el tapete de nuestra propia vida. ¿cuál va a ser el diseño final de ese tapete cuando finalmente se lo presentemos un día al Señor para que lo apruebe? Si aprendemos, como lo hizo mi padre, a convertir la bendición en un estilo de vida, el tejido de nuestros hijos será fuerte. El tapete del piadoso ejemplo que les dejamos como herencia, será hermoso. Entonces, realmente el Señor nos va a bendecir y guardar; el Señor hará resplandecer su rostro sobre nosotros y tendrá de nosotros misericordia; el Señor va a alzar sobre nosotros su rostro, y va a poner en nosotros paz. ¿Podríamos pedir alguna bendición mayor que esa?

Comience a practicar la bendición familiar

1. Este es el momento de comenzar a bendecir a sus hijos. Nunca es demasiado temprano para que comiencen a recibir los beneficios de esas bendiciones. Lea todo este libro una vez al mes, o hasta que el mensaje de la bendición se convierta en una pasión personal de su vida. Aprovéchese por completo de todo el tiempo que tiene: comience hoy mismo.
2. Busque siempre el mismo momento para bendecir a su familia. No hay momentos ni frecuencias correctos o incorrectos; ore y pregúntele a Dios qué es lo mejor para su familia. Recuerde que la estructura y la constancia son importantes, sobre todo con los niños pequeños.
3. Busque la sabiduría de Dios en cuanto a cuál bendición bíblica, o inspirada en las Escrituras, es la correcta para su familia, y comience a usarla. Recuerde que todas las bendiciones no tienen que ser iguales siempre.
4. Explíqueles a sus hijos lo que es una bendición, y por qué usted la está pronunciando sobre ellos. Recuerde:

use un contacto significativo cuando los bendiga (un abrazo, la mano en un hombro, etc).

5. Complete la bendición con una oración por sus hijos, y espere ver unos resultados asombrosos.
6. Comparta con otras personas las recompensas de la bendición. Explíqueles a tíos, tías, abuelos y amigos lo que está haciendo, y anímelos a practicar la bendición en su propia vida. Anímelos a usar las bendiciones que se les facilitan en *La bendición familiar,* o establecer su propia bendición inspirada en las Escrituras.
7. Dígale a su pastor lo que está haciendo, y pídale que ore por usted cuando esté comenzando.
8. Busque oportunidades de bendecir a otras personas (vecinos, compañeros de trabajo, amigos, etc.). Adopte un estilo de vida de bendición.
9. Comparta de qué manera *La bendición familiar* ha transformado su vida. Envíe sus testimonios a:

Familyblessingrg@aol.com

-o-

Rolf Garborg
P. O.Box 432
Prior Lake, MN 55372

Notas

Capítulo 1

[1] Larry Christenson, *The Christian Family* (Minneapolis: Bethany Fellowship, 1970). La sección de este excelente libro que me presentó por vez primera la idea de la bendición familiar se halla en las páginas 195-197, "Presenting Your Children to God Through Blessing".

[2] Adaptación del texto bíblico.

Capítulo 2

[1] Larry G. Lenning, *Blessing in Mosque and Mission* (Pasadena, California: William Carey Library, 1980), p. 74. Gran parte del material de este capítulo fue sacado de este excelente estudio sobre la idea de la bendición.

[2] John R. Kohlenberg III y James A. Swanson, *New International Version Exhaustive Concordance,* 2ª ed. (Grand Rapids: Zondervan, 1999).

Capítulo 3

[1] De *El violinista en el tejado,* por Jerry Bock, Sheldon Harnick y Arnold Perl. Música y letra, derechos de autor © 1964 por Sunbeam Music Corp. Usado con autorización.

Capítulo 4

[1] Zig Ziglar, *See You at the Top* (Gretna, Louisiana: Pelican Publishing Company, Inc. Copyright © 1975, 1977 por Zig Ziglar), pp. 118-119.

Capítulo 5

[1] Gary Smalley y John Trent, *The Blessing* (Nashville, Tennessee: Thomas Nelson, 1986), p. 61.

Capítulo 7

[1] Lenning, pp. 94-95.

Capítulo 9

[1] Frederick Wisloff, *Rest a While.* Este valioso devocionario, que mi padre utilizaba tanto en inglés como en noruego, fue publicado originalmente en noruego en 1948 bajo el título de *Hvil Eder Litt,* por Indremisjonsforlaget A.S., Oslo, Noruega.

Acerca del autor

Rolf Garborg comenzó sus treinta y cinco años de ministerio en la industria cristiana de publicaciones a los veintidós años de edad, como misionero en Puerto Rico, vendiendo libros de puerta en puerta. Estos humildes comienzos fueron evolucionando hasta el establecimiento de una próspera librería cristiana con centro de distribución en la isla, y con la fundación de Editorial Betania, una casa editora en español que sigue funcionando hoy.

A su regreso a los Estados Unidos en 1975, Rolf siguió ocupando puestos de liderazgo en diversas organizaciones editoras, antes de ser cofundador de Garborg's, una compañía cristiana de regalos. Aunque Garborg's fue vendido recientemente, sigue manteniendo asociación con la nueva organización. La carrera de Rolf lo ha llevado a los cincuenta estados de la Unión, y a más de ochenta países, dándole la oportunidad de bendecir y ser bendecido en todo el mundo.

Rolf lleva cerca de treinta y cuatro años casado con su esposa Mary. Han sido bendecidos con dos hijos y tres nietos. En la actualidad residen en Minnesota.

La oración de salvación

La relación firme con Dios de la persona nacida de nuevo es la clave de una vida victoriosa. Jesús, el Hijo de Dios, entregó su vida y resucitó de nuevo para que nosotros pudiéramos pasar la eternidad con Él en el cielo y experimentar lo mejor que Él tiene para nosotros aquí en la tierra. La Biblia dice: **"Porque de tal manera amó Dios al mundo, que ha dado a su Hijo unigénito, para que todo aquel que en él cree, no se pierda, mas tenga vida eterna"** (Juan 3:16).

Es voluntad de Dios que todos reciban la salvación eterna. La forma de recibir esta salvación es invocar el nombre de Jesús y confesarlo como Señor nuestro. La Biblia dice: **"Que si confesares con tu boca que Jesús es el Señor, y creyeres en tu corazón que Dios le levantó de los muertos, serás salvo. Porque todo aquel que invocare el nombre del Señor, será salvo"** (Romanos 10:9, 13).

Jesús les ha dado salvación, sanidad e incontables beneficios a todos los que han invocado su nombre. Esos beneficios pueden ser suyos, si usted lo recibe a Él en el corazón, haciendo esta oración:

Padre celestial, vengo a ti admitiendo que soy pecador. Ahora mismo, tomo la decisión de apartarme del pecado, y te pido que me limpies de toda impiedad. Creo que tu Hijo Jesús murió en la cruz para llevarse mis pecados. También creo que resucitó de entre los muertos para que yo pudiera ser justificado, y por mi fe en Él fuera hecho justo. Invoco el nombre de Jesucristo, para que sea el Salvador y Señor de mi vida. Jesús, tomo la decisión de seguirte, y te pido que me llenes con el poder de tu Espíritu Santo. Declaro ahora mismo que soy hijo de Dios nacido de nuevo. Estoy libre del pecado y lleno de la justicia de Dios. Soy salvo en el nombre de Jesús, amén.

Si ha hecho esta oración para recibir a Jesucristo como Salvador, o si este libro ha transformado su vida, nos agradaría saber de usted. Le rogamos que nos escriba a:

Editorial Unilit
1360 NW 88 Avenue
Miami, Florida 33172
También nos puede visitar en esta dirección de la web:
www.editorialunilit.com